SANTA SARA
E O SAGRADO FEMININO

ORAÇÕES, OFERENDAS, NOVENAS E RITUAIS

Tina Simão

SANTA SARA
E O SAGRADO FEMININO

ORAÇÕES, OFERENDAS, NOVENAS E RITUAIS

ALFABETO

Copyright © 2013 Editora Alfabeto
Todos os direitos reservados

Supervisão geral: Edmilson Duran
Revisão: Renan Papale Luciana Papale
Projeto gráfico: Décio Lopes

DADOS INTERNACIONAIS DE CATALOGAÇÃO NA PUBLICAÇÃO

Simão, Tina

Santa Sara e o Sagrado Feminino / Tina Simão | 3ª edição atualizada e reformulada | São Paulo | Editora Alfabeto – 2020

ISBN: 978-85-98736-35-8

1. Santa Sara 2. Orações 3. Cultura Cigana I. Título

Todos os direitos reservados, proibida a reprodução total ou parcial por qualquer meio, inclusive internet, sem a expressa autorização por escrito da Editora.

A violação dos direitos autorais é crime estabelecido na Lei n. 9.610/98 e punido pelo artigo 184 do Código Penal.

EDITORA ALFABETO
Rua Angela Tomé, 109 | 09624-070 | São Bernardo do Campo/SP |
Tel: (11)2351-4168 editorial@editoraalfabeto.com.br |
www.editoraalfabeto.com.br

Apresentação

O objetivo deste trabalho é contar a história de Santa Sara. Conhecida como Santa milagrosa e padroeira do povo cigano, Sara tem suas origens tão obscuras ou desconhecidas quanto é a origem do povo cigano. Talvez por isso seja notória a cumplicidade dessas pessoas com a Santa.

Um dos hábitos do povo cigano é contar a Santa Sara todos os seus problemas pessoais. Isso nos leva a tentar entender a profunda relação entre a Santa e esse povo.

Por outro lado, Sara está diretamente relacionada ao culto das Madonas Negras, antigas divindades femininas, cultuadas antes do cristianismo. E, por meio do seu culto por ciganos e não ciganos, a Santa faz com que essa energia reapareça no momento atual com intensa força e magia.

No culto a Santa Sara o Sagrado Feminino é reativado, reanimado, praticado e, principalmente, divulgado pelo povo cigano, nômades e seus seguidores, com toda intensidade.

Além de tratar do poder da Santa, este trabalho de pesquisa pretende honrar a sabedoria do povo cigano, resgatar a força da Grande Mãe e agradecer ao Sagrado Feminino renovado que vive dentro de cada um de nós.

Que a Grande Mãe e Santa Sara abençoe a todos.

Tina Simão

Sumário

1. Lendas e mitos sobre Santa Sara 9
   Santa Sara e o Catolicismo Romano 12
   O Mistério de Sara 14
   A Comemoração ou Slava de Santa Sara 15
   Jesus, Maria Madalena e Sara 16

2. O Santuário de Sara 21
   O Marquês de Baroncelli 23

3. O Culto à Madona Negra 27
   Sara como Madona Negra 29
   Madonas negras conhecidas e reverenciadas na história 31
   Esclarecimentos sobre a Madona Negra 35

4. O Povo Cigano 39
   Modo de vida dos Ciganos 41
   A Relação de Santa Sara com o Povo Cigano 45
   Tradições Ciganas 47
   Santa Sara no Brasil 54

5. O culto a Santa Sara 57
   Altar de Santa Sara 57
   Bênção de Santa Sara 58

Consagrando a imagem de Santa Sara 59
Manjar de Santa Sara 59
Manto de Santa Sara 60
Oráculo de Santa Sara 61
Presentes de Santa Sara 62

6. Orações 63

7. Rituais, Novenas e Oferendas para Santa Sara 73
Banho ritual para proteção 73
Corrente de Santa Sara Kali 74
Encantamento cigano com vela 75
Novena para engravidar 75
Novena para Santa Sara 77
Oferenda para o dia de Santa Sara 78
Pão da prosperidade 80
Ritual do chá cigano 81
Ritual para abrir caminho trazendo sorte,
amor e dinheiro 81
Ritual para conquistar um amor 82
Ritual das Luas crescente, nova ou cheia 83
Ritual para conseguir alcançar sete graças 84
Ritual para não faltar alimento 86
Ritual para nunca faltar dinheiro 86
Ritual para prosperidade 88
Ritual para trazer emprego 89

8. Vocabulário Cigano 91

Bibliografia 93

Biografia da autora 95

1

Lendas e mitos sobre Santa Sara

Santa Sara Kali é conhecida como a Santa dos Ciganos. Esse título é encontrado em inúmeras obras e pesquisas e muitas das histórias dessa Santa estão ligadas também ao cristianismo. Para alguns ela é conhecida como "Negra Sara" ou "Sara la Kâli", mas difere em vários aspectos da Santa Sara da religião católica.

Pesquisas revelam que Santa Sara Kali é realmente cultuada por uma parte razoável de ciganos, sejam eles católicos, sejam não católicos. Ela é também cultuada da mesma maneira por um imenso número de pessoas das mais variadas culturas e religiões; esotéricos, espiritualistas, dentre outros, mesmo sem ter origem cigana.

Existem muitas lendas a respeito dessa Santa. Numa delas Sara é egípcia, empregada de Maria Salomé, mãe de S. Jaime e de Maria Jacobé, mãe de S. João, parentes de Maria Madalena e acompanhantes dela em suas viagens. Certo dia, após uma tempestade, orientada pelas estrelas, Sara guiou as mulheres até uma praia distante, salvando-as.

Em outra lenda, Sara era uma nobre de uma tribo e, estando na beira da praia, avistou um barco naufragando no mar muito agitado. Ela lançou sua capa sobre as ondas, como uma corda, e as pessoas se ampararam na corda, sendo salvas por Sara.

Segundo a autora Miriam Stanescon, Maria Madalena, Maria Jacobé, Maria Salomé, Jose de Arimateia, Trofino e Lázaro foram atirados ao mar, pelos judeus, numa barca sem remos e sem provisões. Sara, uma cigana escrava, fazia parte do grupo. As três Marias puseram-se a orar e a chorar. Naquele momento, Sara tirou seu lenço (*diklô*) da cabeça, chamou por Jesus Cristo (*Kristesko*) e prometeu que, se todos se salvassem, ela seria escrava Dele e jamais andaria com a cabeça descoberta em sinal de respeito. Milagrosamente, a barca atravessou o oceano, com todos salvos, e aportou numa praia próxima a Saintes-Maries--de-la-Mer. Dias após, o barco foi resgatado por pescadores que moravam numa vila próxima à costa marítima. Todos que eram brancos foram acolhidos com exceção de Sara, por ser escrava egípcia e negra. Um grupo de ciganos que estavam próximos a acolheu e cuidou dela. Sara cumpriu sua promessa até o fim de seus dias. Após sua morte, os ciganos começaram a recorrer a ela com pedidos, pois foi uma pessoa muito querida enquanto viveu com eles. Os pedidos foram atendidos e milagres se realizaram. A partir desse momento, Sara tornou-se Mãe e Rainha dos Ciganos e essa é a história mais aceita e passada por eles.

As histórias contam que, quando Sara faleceu, os ciganos pediram para realizar seu funeral na igreja da vila, mas devido ao preconceito não lhes foi permitido. Foi feito, então, uma espécie de gruta para Sara, que é visitada até os dias de hoje. A cripta começou a ficar pequena para tantos ciganos que passaram a visitar a Santa.

O evangelho apócrifo de Tiago diz que anjos trouxeram uma parteira de nome Sarah, que mal conseguia ver Maria dentro da gruta devido à pouca luz no local. A parteira observou os seios cheios de leite de Maria e notou que o nascimento de Jesus não lhe havia tirado a virgindade. O bebê nasceu totalmente limpo, como se o parto tivesse sido feito por mãos angelicais, e Sarah acompanhou a vida dessa criança sempre com discrição. Jesus a tinha sob alta estima por ela ter auxiliado Maria a trazê-lo ao mundo. É provável que a parteira Sarah tenha vivido com Maria, como escrava, ou com Maria Madalena, ou com José de Arimateia, tio avô de Jesus.

Os essênios, povo esclarecido da época, terapeutas e curadores, usavam a gruta como hospital, por oferecer condições para manter os doentes e convalescentes do local. Depois da morte de Jesus, os textos apócrifos contam que as três Marias dirigiram-se para o sul da França, chegando lá em 24 ou 25 de maio.

Alguns autores, baseando-se na pseudo-história do livro *The Holy Blood and the Holy Grail* (*O Santo Graal e a Linhagem Sagrada*), acreditam ou sugerem que Sara tenha sido filha de Jesus com Maria Madalena.

Sara era moradora de Camargue (França) e teve piedade das Marias quando lá chegaram, resolvendo ajudá-las. Dizem as lendas que Sara era uma rainha das terras de Camargue ou uma sacerdotisa do antigo culto celta ao deus Mitra, de origem oriental. Em Camargue existiram várias colônias de civilizações antigas, como a egípcia, a cretense, a fenícia e a grega.

Considerada como personificação de uma antiga divindade feminina telúrica, cultuada pelos celtas, Sara é uma espécie de Grande Mãe ligada a terra. Uma das primeiras mulheres convertidas ao cristianismo após a chegada dos apóstolos exilados e vindos da Terra Santa. Egípcia, abadessa ou freira num convento da Líbia, festejada pela igreja em 13 de julho. Descendente dos atlantes. Acompanhante espontânea das Marias Jacobé e Salomé.

Mártir, persa, presa com as duas Marias e Marta, tendo suas relíquias consagradas na Gália, em Camargue, Sara abrigou livremente os amigos de Jesus e cruzou aquela região a pé, pedindo ajuda para socorrer um pequeno grupo de cristãos. Prática vergonhosa para a época, semelhante ao que faziam os ciganos, por isso foi chamada de *kalin* (cigana). Todas essas lendas fazem parte do mistério que envolve essa Santa emblemática.

Santa Sara e o Catolicismo Romano

No catolicismo romano existe referência a duas mulheres de nome Sara. A primeira que teve seus méritos reconhecidos foi a mulher de Abraão. A segunda está relacionada a Sara, mártir em Antiópia, esposa de um militar do império, vivendo naquela região na época governada pelo imperador Diocleciano. Seu marido, por ordens do imperador, renegou a fé cristã e perseguiu os cristãos. Sara sentia, naquele momento, a necessidade de batizar a si e aos seus filhos na fé cristã, embarcando rumo a Alexandria. Na viagem ocorre uma tempestade em alto mar e Sara corta seu próprio seio. Com seu sangue, ela faz uma cruz no peito e na testa dos meninos e em seguida mergulha-os três vezes no mar revolto, que imediatamente se torna sereno.

A viagem continua tranquila e Sara chega à presença do bispo Pedro para batizar os filhos. Ao aproximar as crianças da pia batismal, a água congelou por três vezes. O oficiante não conseguia entender o que acontecia. Quando foi esclarecido por Sara sobre o ocorrido no navio, o bispo declarou que as crianças já haviam sido batizadas.

Sara retorna a Antiópia e conta ao marido o ocorrido, que, por sua vez, conta ao Imperador Diocleciano, tornando-a vítima da sua ira. O Imperador mandou queimá-la viva, junto aos seus dois filhos, em praça pública.

Essa Santa Sara é comemorada pela Igreja no dia 20 de abril, porém é considerada pela Igreja Católica como Santa de culto local e nunca passou pelo processo de canonização. Sara está ligada à história das tradições cristãs da Idade Média e o assim chamado Culto às Virgens Negras. Não se conhece a razão exata que levou os ciganos a eleger Santa Sara como sua padroeira, mas foi ela quem converteu os ciganos para o cristianismo.

Em todo acampamento cigano é conduzida uma estátua da Virgem Negra, depositada num altar de uma das tendas e cercadas por velas, incensos, flores, frutas e alimentos.

O Mistério de Sara

Pouco importa se Sara é ou não uma lenda, seu culto mostra a importância que essa Santa tem. Ela pode ter sido qualquer uma dessas afirmações, não sabemos ao certo, portanto, a pergunta sobre a origem de Sara continuará a existir. Para os ciganos, no entanto, por quem é venerada como intercessora em todos os seus assuntos e necessidades, ela é real, completamente real. Sara representa a força misteriosa que os envolve. É a mãe com o poder gerador da vida, protegida pelas infinitas capas que cobrem sua imagem, que é repleta de energia, colocada nela através dos inúmeros beijos e abraços que os ciganos lhe dão em agradecimento e reconhecimento do amor que a ela dedicam.

Mãe, cúmplice, amiga, mulher, tudo isso é Sara para o povo cigano. E esta energia, contida na figura da imagem da Santa, é revertida àqueles que a visitam.

As inúmeras Saras da história, inclusive as das versões oficiais, como a Sara de Antiópia e a Sara da Líbia, não correspondem ao que os camargueses conhecem. O culto a Santa Sara é um mistério e pode ter sido trazido para Camargue durante uma das invasões que sofreram. Tudo são suposições, hipóteses e mistérios.

A verdade é que Santa Sara faz emergir daqueles que a cultuam uma força criativa e geradora de ações, representadas no que os ciganos mais possuem: sua espontaneidade, vibração enfática, energia, compreensão dos seus mitos e mistérios e, ao mesmo tempo, sua natureza mais oculta.

A Comemoração ou Slava de Santa Sara

Slava é uma comemoração ou promessa em honra a algum santo. A Slava de Sara Kali acontece nos dias 24 e 25 de maio. Nesse dia é oferecido um banquete ao santo homenageado e sua imagem é colocada no centro da mesa, em lugar de destaque. Coloca-se bem perto da imagem do santo ou da santa em questão um pão redondo, que é furado no meio e onde se põe um punhado de sal e uma vela. O pão, por sua vez, é depositado numa bandeja cheia de arroz cru. O objetivo desta oferenda é chamar saúde e prosperidade. Ao término do almoço, o pão é dividido entre os convidados pelos donos da casa e são ditas estas palavras de bênçãos:

Thie avês thiailô lom, manrô tai sunkai
Que você seja abençoado com o sal, com o pão e com ouro

Para os ciganos, Santa Sara traz prosperidade e saúde; além disso, é cultuada por ajudar as ciganas quando têm dificuldade para engravidar. Muitas que não conseguiam ter filhos faziam promessas a Santa, dizendo que, se concebessem, iriam visitar a cripta fazendo uma noite de vigília e depositando aos seus pés o mais bonito lenço (*diklô*). A fertilidade é o milagre mais importante, pois ciganas não concebem suas vidas sem filhos. Quanto mais filhos tiver, mais sorte e consideração ela terá pelo seu povo. A situação mais negativa para uma cigana é não ter filhos e ser chamada de *Dy Chucô* (ventre seco). Em vista desta necessidade é que as ciganas se esmeram na arte das simpatias e garrafadas para fertilidade.

Jesus, Maria Madalena e Sara

Histórias e lendas envolvem a origem de Santa Sara. Dentre elas existe a crença de que a Santa reverenciada pelos ciganos, era, na verdade, a filha de Jesus e Maria Madalena, e que ambos tiveram ainda outro filho, de nome Tiago.

Os ciganos romenos e búlgaros acreditam nessa possibilidade, pois ambas, Maria Madalena e Sara, desembarcaram juntas no sul da França, e também porque a tradução do nome Sara, em hebraico, significa "princesa".

As festividades de maio em Saintes-Maries-de-la-Mer, na França, e que remontam a Idade Média, homenageiam uma criança egípcia que acompanhava Maria Madalena. Difundiu-se a crença de que a criança egípcia, que tinha pele escura, deveria ser uma serva da família.

Essa criança teria cerca de 12 anos na época da referida história. Simbolicamente, ela é negra como os descendentes de Davi, ou seja, não reconhecida nas ruas. E Madalena seria, ela mesma, o Cálice Sagrado, que teria carregado no útero a descendência real, vinda de Jesus.

A negritude simbólica de ambas pode estar relacionada à sua condição oculta de rainha desconhecida e não declarada, repudiada e caluniada pela Igreja por séculos, na tentativa de negar a linhagem de Jesus e manter seu celibato.

Na leitura dos Evangelhos o que se percebe é o grande amor de Maria Madalena por Jesus. Ela foi, dentre seus seguidores, a pessoa que mais entendeu suas palavras. A Igreja considerou isso como uma tentativa de superioridade feminina, não aceitando essa liderança. Na realidade, Maria Madalena representa espiritualmente a perfeita união com o Cristo, sem qualquer conotação sexual.

A partir de 1982, a polêmica sobre o casamento de Jesus com Maria Madalena e sua descendência ressurgiu com força, vindo de alguns historiadores, dando origem a livros e filmes a respeito do assunto.

Existem referências nos livros apócrifos de que este casamento de fato existiu e, por consequência, a natural existência de filhos, fato comum para a época. Estes filhos por sua vez teriam originado a Dinastia Merovíngia dos reis da França.

Os ensinamentos de amor deixados por Jesus não perdem seu significado e valor, mesmo que ele tenha se comportado como uma pessoa comum, casando-se e constituindo uma família. Muito pelo contrário, validam ainda mais a sua missão na Terra, pela valorização e força da união familiar que aparece nos seus Evangelhos, mostrando a presença forte das mulheres, Maria, sua mãe e Maria Madalena, sua provável esposa.

Mas e Sara? Seria o fruto desse amor? Estudiosos católicos afirmam ser fantasiosa a união entre Jesus e Maria Madalena, alegando falta de comprovação histórica aceitável.

Santa Sara, filha de Jesus e Maria Madalena ou não, representa o fruto do casamento divino que acontece no interior de cada discípulo. Este fruto é a alma que se libertou de toda e qualquer amarra, das ilusões e dos apegos, pronta para vivenciar e experimentar a verdade.

A autora Margaret Starbird apresenta em seu livro a ligação do Santo Graal com Maria Madalena e a descendência de Jesus. A autora pesquisou na história europeia, nos rituais maçônicos, na arte medieval, no simbolismo, na psicologia, na mitologia e na religião (judaica e cristã) e, segundo ela, encontrou evidências de tudo ter sido verdade, oculto, guardado sob várias formas, inclusive nas obras de arte. Estas evidências levaram a autora a concluir que Jesus e Maria Madalena foram realmente casados e que tal casamento ocorreu de modo escondido, pois estavam sendo unidas as famílias de David, filhos de Jessé (Jesus) e de Jônatas, filho de Saul (Maria Madalena). Segundo o livro da autora:

> "O casamento foi realizado na casa de Simão, o leproso. Somente amigos íntimos e familiares foram convidados. Era necessário manter o fato em segredo para que Herodes Antipas não descobrisse que uma herdeira de Benjamim se unira em matrimônio a um filho da casa de Davi."

Esse seria o motivo, o casamento entre eles, de Madalena dedicar ao Mestre, em público, carinhos físicos, o que seria inaceitável para uma mulher naquela época, a não ser que ela fosse casada e tivesse tratando assim o seu marido.

Outro argumento digno de atenção, encontra-se no livro de "ficção" *O Código Da Vinci*, de Dan Brown:

> "Porque Jesus era Judeu (...) e o decoro social daquela época praticamente proibia que um judeu fosse solteiro. De acordo com os costumes judaicos, o celibato era proibido e a obrigação de um pai judeu era encontrar uma esposa adequada para o seu filho. Se Jesus não fosse casado, pelo menos um dos Evangelhos da Bíblia teria mencionado isso e dado alguma explicação para o fato de ele ter ficado solteiro."

No livro *O Santo Graal e a Linhagem Sagrada*, dos autores Michael Baigent, Richard Leigh Henry Lincoln, o assunto aparece novamente:

> "Se Jesus foi realmente casado com Madalena, poderia tal casamento ter servido a algum propósito? Em outras palavras, poderia ele ter significado algo mais que um casamento

convencional? Poderia ter sido uma aliança dinástica de algum tipo, com repercussões e implicações políticas? Em suma, poderia uma estirpe resultante desse casamento ter garantido o nome de sangue real?"

O casamento de ambos pode explicar a presença de Madalena nas viagens de Jesus. No mesmo livro, lemos:

> "O papel desta mulher é singularmente ambíguo nos quatro Evangelhos e parece ter sido deliberadamente obscurecido(...). Na Palestina do tempo de Jesus seria impossível que uma mulher não casada viajasse desacompanhada. Mais impensadamente ainda seria viajar desacompanhada e com um mestre religioso e seu círculo. Várias tradições parecem ter tomado conhecimento deste fato potencialmente embaraçoso. Pretende-se em alguns casos que Madalena tenha sido casada com um dos discípulos de Jesus. Se este era o caso, entretanto, seu relacionamento especial com Jesus e sua proximidade a ele os teriam tornado ambos sujeitos a suspeitas, se não acusações de adultério."

Madalena se apresenta em especial importância na história do cristianismo, como podemos ver em outro trecho do mesmo livro:

> "É evidente que Madalena, no final da carreira de Jesus, tinha se tornando um personagem de imensa importância. Nos três Evangelhos sinópticos, seu nome encabeça consideravelmente a lista de mulheres que seguiam Jesus. (...) Ela é a primeira testemunha da tumba vazia após a crucificação. Para revelar a ressurreição, Jesus escolheu Madalena entre todos os seus devotos."

Os autores do livro *O Santo Graal e a Linhagem Sagrada* tecem um importante comentário sobre a validade dos Evangelhos Apócrifos, que no trecho a seguir eles os denominam de Gnósticos:

> "À luz dos manuscritos Nag Hammadi, a possibilidade de uma linhagem sanguínea descendente de Jesus nos pareceu mais plausível. Alguns dos chamados Evangelhos Gnósticos eram potencialmente tão verdadeiros e autênticos quanto os livros do Novo Testamento. Como consequência, os fatos que eles, explícita ou implicitamente, testemunham – um substituto na cruz, uma disputa entre Pedro e Madalena, um casamento entre Madalena e Jesus, o nascimento de um 'filho do Filho do homem' – não poderiam ser desprezados, por mais controvertidos que fossem. Estávamos lidando com história, não com teologia. E a história, no tempo de Jesus, não era menos complexa, multifacetada e orientada para o pragmatismo do que é hoje."

O Cristianismo praticado por Jesus não criou nenhuma religião, não vivia em igrejas, mas praticava o amor e a espiritualidade. Se as provas não são suficientes para provar a união de Jesus e Madalena, o que fica claro é o amor especial e espiritual entre ambos.

No livro *A Gruta do Sol*, da autora Marisa Varela, a ligação espiritual de Jesus e Maria Madalena aparece muito clara. Embora tenha sido uma personagem polêmica, e relegada a segundo plano pela Igreja, ela foi muito importante na implantação do cristianismo, auxiliando Jesus; ambos são reconhecidos na espiritualidade.

Portanto, não seria diferente se ambos tivessem tido uma filha. E se essa filha foi realmente Sara, a Santa padroeira dos ciganos, a sua força, espiritualidade e poder estaria duplamente comprovada pela missão dos seus pais.

2

O Santuário de Sara

A cidade de Saintes-Maries-de-la-Mer, na França, é conhecida como local de culto a Santa Sara. Ciganos de todo mundo, dos quais Santa Sara é padroeira, para lá se dirigem no mês de maio, quando a Santa é reverenciada.

No sul da França, entre os rios Grand Rhône e Petit Rhône, situa-se a planície dos alagados de Camargue. Nesse local, onde está situada a cidade de Saintes-Maries-de-la-Mer, vila calma com cerca de três mil habitantes, na região de Provence, a tranquilidade é abalada quando chegam milhares de ciganos, em maio, para comemorar sua devoção a Santa Sara Kali.

Nessa pequena cidade está localizado o Santuário de Santa Sara. A igreja de Notre-Dame de La Mer abriga as relíquias das Santas Maria do Mar e de Santa Sara Kali. É um local de grande visitação, além das comemorações do mês de maio, pois faz parte do Caminho de Santiago de Compostela.

Por volta do ano 48 d.C., ao chegarem a Saintes-Maries-de-la-Mer e antes de partirem para evangelizar o continente europeu, os discípulos de Jesus construíram no local um pequeno oratório em honra a Virgem Maria. É nesse local que hoje está a igreja que guarda as relíquias das Santas Marias Jacobé, Salomé e Sara.

A partir do momento da descoberta das relíquias das santas, a igreja passou por cuidados, reconstrução e engrandecimento. Por ordem do Rei René, o bom, o Conde de Provença descobre, por volta de 1448, as relíquias e o travesseiro das Santas Marias. Entre 1449 a 1797, várias etapas aconteceram, desde o reconhecimento das relíquias, milagres, ataques durante a Revolução Francesa, roubo, destruição, recuperação dos patrimônios e caixas de relíquias queimadas. Em 1862, a procissão levando as santas até o mar se reinicia.

O interior da igreja em estilo romano é conservado até hoje. Dois detalhes chamam a atenção no altar: uma pedra do deus pagão Mitra, e um pedaço de um sarcófago pagão, datado do século 3. Na cripta, reconstruída em 1448, está a imagem de Santa Sara.

Na Capela de São Miguel estão guardadas as caixas pintadas onde estão as relíquias das Santas Marias. Num nicho de pedra estão as imagens de Maria Jacobé e Maria Salomé esculpidas em madeira. A imagem de Santa Sara fica na cripta da igreja de Saint Michel, onde estão depositados seus ossos.

Em um nicho de pedra, no centro da nave, estão as imagens de madeira que representam as duas Marias: Jacobé e Salomé. As imagens das Marias estão dentro de uma pequena barca. A estátua de Santa Sara Kali tem o corpo coberto por inúmeros mantos e joias. A imagem é desgastada pelo tempo e também pelos beijos e abraços dos ciganos.

Existe, dentro da igreja, incrustada em uma das paredes, uma pedra muito polida conhecida como o "travesseiro das Santas Marias Jacobé e Salomé". Segundo a história, essa pedra era usada pelas Marias para apoiarem suas cabeças. Antigamente, raspas dessa pedra eram usadas pelos ciganos na confecção de poções milagrosas que ajudavam as mulheres a engravidarem. Hoje a pedra é preservada como Patrimônio Histórico, embora ainda se tenha a crença no seu poder mágico.

Até a bem pouco tempo a cidade possuía casas de alvenaria, sendo a maior parte das moradias rústicas e cobertas de palha. Os moradores eram camponeses, criadores de cavalos, pescadores simples, sustentados pela caça, pesca, colheita e trabalho com o gado. Hoje a cidade vive do turismo e das peregrinações, recebendo cada vez mais pessoas.

O Marquês de Baroncelli

Folco de Baroncelli-Javon (1 de novembro de 1869 – 15 de dezembro de 1943) foi um escritor francês e pecuarista e uma figura importante no estilo de vida tradicional e na cultura de Camargue, região do sul da França.

Nascido em Aix, em Provence, e batizado em Avignon, onde seus pais viveram, o marquês é originário de uma família florentina do século 15, com descendência direta dos marqueses de Javon. Seu irmão foi Jacques de Baroncelli, diretor de cinema famoso, e sua irmã, Margarida de Baroncelli-Javon, tornaram-se importantes figuras em movimentos culturais da época. Margarida casou-se com o pintor pós-impressionista, Georges Dufrénox.

Lou Marquês (marquês), como era conhecido, mudou-se para Camargue, em 1895, criando um rebanho de gado chamado "o rebanho sagrado" em Saintes-Maries-de-la-Mer. Casou-se com a filha de um proprietário de terras e teve três filhas. Seu casamento não teve continuidade, mesmo assim ele estabeleceu-se numa fazenda local.

Em 1905, conheceu Buffalo Bill, tornando-se seu amigo. Em maio de 1908 conheceu e se apaixonou por Jeanne de Flandreysy, com quem teve um caso curto, que resultou numa amizade contínua e importante na vida de Baroncelli. Após a guerra, Jeanne incentivou o marquês a começar a escrever e a fazer parte do movimento cultural liderado por Frédéric Mistral. Profundamente afetado pela carnificina da Primeira Guerra Mundial, Baroncelli tornou-se um fervoroso antimilitarista.

Mas o mais importante foi o papel ativo que o marquês desempenhou na manutenção e na promoção de uma cultura Camargue nativa, envolvendo-se com as touradas que aconteciam no local. Em 1909, fundou a Gardiano Nacion, para preservar as tradições de Camargue.

Em 1931, sem dinheiro, teve que deixar a fazenda que ocupava, conseguindo um pedaço de terra nas proximidades, onde construiu uma réplica de seu rancho, tornando-se, por essa época, importante apoiador dos Romany, contando com vários ciganos entre seus amigos íntimos.

A igreja tirou Sara de sua cripta em 1935. Foi feito então um acordo entre um *gadjo*, justamente o Marquês de Baroncelli, e um chefe cigano influente, chamado Cocou Baptista. Baroncelli, amigo dos ciganos, em respeito a esta amizade e com grande influência junto ao Arcebispo de

Arles, consegue retomar a procissão de Sara Kali pelas ruas da cidade.

O final dos anos 1930 foi marcado por uma série de doenças e pela eclosão da Segunda Guerra Mundial. O rancho do marquês foi requisitado pelas tropas alemãs e ele foi despejado de Saintes-Maries. Doente e desorientado, o marquês morreu em Avignon, em dezembro de 1943.

A imagem que se tem de Camargue, na França, é essencialmente das tradições e costumes que Baroncelli trabalhou por toda sua vida, intimamente ligado com os cavalos e touros do local. Sua escrita e seu trabalho ajudaram a dar à área uma sensação de importância individual, que se tem mantido até hoje.

Deusa Babilônica Astarte

Virgem Negra

Deusa Negra Egípcia - Isis

Deusa Negra Perséfone

Inanna

Maria Madalena e as Virgens Negras

3

O Culto à Madona Negra

Nunca poderemos definir ou concluir o que é realmente o culto à Madona Negra. Só sabemos que ela é a força do mistério, é a própria Mãe Terra, possuindo a qualidade dos mistérios profundos. É o solo que pisamos, que nos acolhe, é o ar que respiramos. A compreensão humana só consegue perceber uma parte desse conhecimento metafísico, sutil e imenso, ao mesmo tempo que representa o ventre da terra.

A Madona Negra, de onde todas as outras deusas que representam o Sagrado Feminino foram retiradas ou derivadas, mostra-nos que ela é a mãe, a nutridora, a protetora, a transformadora. Mostra-nos, também, a devoção maternal, possuindo em si mesma a harmonia dos opostos.

Os antigos egípcios cultuavam Ísis no seu aspecto divino e criador, vida e morte. A Deusa representava a maternidade e seus atributos de mãe, guiando o filho amado, Hórus, através dos perigos, e também a esposa fiel e carinhosa, recusando-se a repousar enquanto não encontrasse todas as partes do corpo do amado Osíris.

Para os orientais é Kuan Yin, a Deusa da compaixão. Na Suméria, a Grande Deusa é Inanna, Deusa das batalhas durante o dia e a noite Deusa da fertilidade. Na Babilônia era Ishtar. Astarte para os hebreus. Para os gregos era Rea, Gea ou Deméter. E para os celtas é Annis ou Anu e seu culto espalhou-se por toda Europa.

Sara é associada a figura de Kali, Deusa negra da mitologia hindu, reverenciada com dança e música, simbolizando o processo de purificação e renovação da natureza, o eterno retorno dos tempos.

As palavras-chave de todas essas deusas são: nutrição, proteção, geração e perdão incondicional. A reverência a estas formas de energia reuniu-se no culto a Virgem Maria, como Grande Mãe, doce, digna, terna, e ao mesmo tempo sofredora e incorporada ao cristianismo. As deusas pagãs passaram a ser reverenciadas numa única Deusa.

A Virgem Maria assumiu e incorporou, através das suas várias representações, a forma primitiva da Madona Negra, geradora primordial de tudo que existe.

No decorrer dos tempos, os templários fortaleceram a presença das Madonas Negras, trazendo de suas viagens para casa as imagens dessas antigas virgens negras, vestidas, agora, geralmente com um manto azul. O objetivo maior dos templários era a busca do Santo Graal, nutridor e fertilizador, assim como os poderes ilimitados da Grande Mãe Terra e da Madona Negra, Mãe Primordial.

As fogueiras da inquisição proibiram o florescer do feminino, difamando os templários e queimando as bruxas nas fogueiras para eliminar a liberdade, o amor e a fertilidade que estava centrada na Grande Mãe. Porém as

Madonas Negras sobreviveram; elas representam o lado feminino de Deus.

É este feminino que retorna com as aparições da Virgem em Lourdes e em Fátima, trazendo mensagens próprias do cuidado materno. Exatamente nesse momento da história o papel da mulher novamente desabrocha. A Grande Mãe reaparece e revoga a forma do Sagrado Feminino por meio da justiça, da misericórdia, do consolo dos aflitos e amparo ao povo sofrido.

Sara como Madona Negra

Sara, escrava, de pele trigueira, egípcia ou indiana. Kali, o nome dado a ela se refere à antiga cidade indiana, onde se cultuava a Deusa Kali. Sara de Kali, Sara da Deusa Kali. Devota da Deusa, personificação da Deusa energizadora, devota de Kali antes de conhecer o cristianismo. Acredita-se que Sara tinha 17 anos quando conheceu as Santas Marias e outros seguidores de Jesus. A religião era matriarcal. Na era pré-cristã era conhecida uma Deusa que premiava ou punia as ações dos humanos quando contrariavam as forças da natureza.

Havia deusas criadoras, energizadoras, mediadoras, protetoras. Kali era criadora e protetora. Sua grande força era transformar situações perigosas para o ecossistema, neutralizando a força do agressor. A Sara devota de Kali, indiana, conhecia a relação que as culturas mais antigas faziam entre a figura da mãe e da terra e sabia que Kali, Negra Senhora do Universo, era ao mesmo tempo um aspecto criativo e destrutivo. Kali é a Deusa mais difundida e querida no culto indiano, reunindo o doce e o sanguinário, simbolizando a totalidade que cria e destrói o Universo.

Com as invasões na Idade Antiga, as crenças impostas eram totalmente masculinas e a grande mãe tornou-se antiquada, pois era dotada de um poder inabalável que não interessava aos conquistadores. O culto matriarcal se manteve oculto em diversos pontos do mundo, mas foi difundido pelo nomadismo dos ciganos, que se enquadravam sempre nos cultos dos locais onde se estabeleciam, camuflando sua fé original.

As imagens da Virgem Negra, negras como a terra, com seu filho ao colo, aparecem de forma intensa nos séculos 12 e 13. A Igreja adotou esse simbolismo intencionalmente. A cor negra da terra mostra que os seres humanos possuem a mesma composição, no seu corpo, da Mãe Terra. A imagem negra representa a própria Mãe Terra.

Santa Sara Kali está ligada a uma antiga tradição católica da Idade Média. Muitas dessas virgens negras são veneradas até hoje. A intenção da Igreja é representar as virgens negras em substituição as divindades femininas ligadas aos cultos pagãos das religiões pré-cristãs. Essas imagens eram comuns e de fácil compreensão para os ciganos, que veneravam divindades femininas telúricas, representadas por imagens negras. Portanto, é facilmente compreensível relacionar Sara a esses mitos ciganos.

Sara, de origem tão misteriosa quanto a dos ciganos, atende aos requisitos das tribos espalhadas pelo mundo. Ela é negra ou de pele escura, seu nome, Kali, em sânscrito antigo, significa negro, de onde vem a língua romani, falada pelos ciganos, deduzindo daí que Sara era indiana e não egípcia.

Com o passar dos anos, algumas palavras da língua regional do povo cigano passaram por alterações, promovendo algumas modificações idiomáticas no significado das palavras. Entre elas, podemos citar a palavra *kalin*, que em calon representava a palavra "cigana". Já para os ciganos que ainda preservam a língua regional, *kali* significa "negra". Há algum tempo existe esta confusão idiomática, envolvendo a cor da pele da Santa. Para os calons, seria Santa Sara Kalin, a cigana, e não Santa Sara, a negra. Em paralelo, a história de Sara chegou à Índia, onde os ciganos a associaram a Deusa Kali, negra, poderosa e transformadora.

Madonas negras conhecidas e reverenciadas na história

Nossa Senhora da Floresta Negra surgiu no século 11, na Suíça, na hoje chamada Abadia de Einsiedeln. Na mesma época, em Chartres, na França, surge Nossa Senhora Subterrânea, num local sagrado dos druidas. A Madona Negra de Montserrat apareceu em Barcelona. A Madona Negra de Prates, nos Pirineus, descoberta em uma árvore (semelhança com a Deusa Ártemis). Nossa Senhora de Guadalupe, surgiu no México. A Virgem de Copacabana, patrona da Bolívia, foi encontrada por pescadores no lago Titicaca. No Brasil, ela aparece em 1717, encontrada por um pescador no rio Paraíba. É a Madona Negra Nossa Senhora de Aparecida, padroeira do Brasil, venerada em todo mundo e comemorada em 12 de outubro, coincidentemente uma das datas, além de maio, quando Santa Sara também é cultuada e reverenciada.

Muito foi falado sobre às imagens das Virgens Negras. Segundo a pesquisadora metafísica Elsie Dubugras, no artigo para a revista Planeta, de janeiro de 1987, "O Mistério das Virgens Negras", a Igreja Católica se manifesta a respeito do assunto da seguinte forma: "as imagens eram claras, mas com o passar do tempo escureceram em virtude da fumaça das velas dos seus devotos, por causa da poluição e até pelo fato de que muitas estiveram expostas às intempéries, mergulhadas na água ou enterradas". Explicação que não retrata toda a verdade, porque hoje se sabe que as imagens espalhadas pelo mundo sempre foram negras, e as encontradas na África seriam naturalmente escuras.

No artigo da autora encontramos várias referências ao culto e ao poder dessas imagens negras. Uma delas diz respeito aos santos católicos, São Luiz e São Bernardo de Clairvux, que veneravam a Virgem Negra. O mesmo São Bernardo pregou na Catedral de Metz, na França, local onde outrora havia um centro druida e até o século 16 e tinha uma estátua da Deusa Ísis, Deusa negra egípcia. Outra informação nos diz que o povo tinha uma devoção incomum a estas imagens escuras, pois, segundo as lendas, elas curavam e praticavam milagres prodigiosos. Um desses milagres é o poder que as imagens têm de ficar excessivamente pesadas quando não querem sair do lugar onde foram descobertas ou se encontram no momento, defendo o lugar de sua predileção de todas as perturbações. Muitas informações de milagres aparecem ao longo da história relacionadas às virgens negras, que além de piedosas podiam ser também vingativas.

Os antropólogos afirmam que essas virgens negras estão diretamente ligadas às antigas deusas pagãs, e muitas tinham um culto todo especial (como a Virgem Negra de Marselha – Deusa Neith – procissão com lanternas acesas). Algumas dessas imagens não seguem padrões coerentes, sendo originariamente brancas e depois mudando sua cor para negras (La Dourade – negra representava Palas Atena – imagem branca originalmente). Outras continuam com sua cor inalterada, como a representação da Deusa Ísis, hoje Virgem Negra Cristã, reverenciada em Priscila, Roma.

Algumas dessas imagens foram encontradas em forquilhas de árvores e são tipicamente celtas ou teutônicas. Outras ainda estiveram envolvidas em cultos desaprovados pela Igreja Católica, pois apareciam nestas imagens símbolos colocados de forma invertida.

Além da ligação dessas imagens com o paganismo, elas parecem estar associadas à Dinastia dos Merovíngios e a Maria Madalena. Sempre se encontra uma Virgem Negra perto de um santuário ou de uma igreja onde Maria Madalena é cultuada.

No artigo há a seguinte explicação para esse fato, oferecida por Ean Begg, em seu livro *The cult of the Black Virgin*, e também pelo pregador dominicano Jean Baptiste Hetu Lacordaire. Segundo ambos, Maria Madalena fazia parte da Dinastia dos Merovíngios, fato proclamado pelo Rei Luiz XI. Outro dado é que as virgens negras são associadas e veneradas pelos membros da sociedade secreta La Ordre de Prieuré Notre-Dame de Sion, organização religiosa secreta, interessada em assuntos esotéricos e ocultos e também no restabelecimento do trono da França por um membro da linha dos merovíngios. Os locais onde as Virgens Negras e Maria Madalena eram veneradas era onde os membros da ordem se reuniam.

Os cátaros e os templários também estavam envolvidos nos cultos da Virgem Negra. Os cátaros foram considerados hereges pela Igreja e praticamente aniquilados durante a inquisição no século 12. Algumas famílias conseguiram escapar. Nas áreas onde essas famílias se encontram, cultua-se a Nossa Senhora da Paz e Nossa Senhora de Merceille, ambas virgens negras.

O motivo das virgens negras estarem se tornando cada vez mais populares talvez seja porque o homem moderno sente a necessidade de reconciliar o sexo com a religião. A Virgem Maria inspira o celibato, a castidade, a virgindade, enquanto a Virgem Negra ajuda na reprodução, auxilia as mães no parto, faz o leite jorrar, devolve a vida aos bebês mortos.

Em defesa disso temos também as meretrizes que se tornaram santas, relacionadas a Maria Madalena, como Maria, a egípcia, prostituta desde os 17 anos, e que, no final de sua vida, transforma-se em Santa Maria, a egípcia. Ou Santa Catarina de Alexandria, que se recusou ao imperador Maximiliano e foi torturada e morta por ele. E ainda a Virgem Negra defensora dos diretos humanos, na Polônia, a Madona Negra de Czestochowa.

Porém, o clero católico ainda mostra certa repulsa a este culto. Em 1952 dois estudiosos do assunto apresentaram um ensaio na Sociedade Americana para o Progresso da Ciência. Todos os padres e freiras se retiraram do recinto. O curador do Santuário de Lês Barroux, na França, proíbe a entrada de curiosos, não dando informações onde a imagem da Virgem Negra, existente nesta igreja, pode ser vista.

As imagens das virgens negras, se não forem expostas em grandes basílicas, como acontece no Brasil, em Aparecida do Norte, estão fadadas a desaparecer, pouco a pouco, dos olhos do povo, mas provavelmente não do coração daqueles que creem nelas.

Esclarecimentos sobre a Madona Negra

A autora Mirella Faur, em seu livro *As Faces Escuras da Grande Mãe*, Editora Alfabeto, no capítulo Madona Negra, a Deusa Velada do Cristianismo, diz:

> "Atualmente intensificou-se o movimento internacional ao redor de imagens de Madonas, Virgens e Deusas Negras, na esperança de criar uma ponte entre grupos étnicos, movimentos ecológicos e feministas, teologia da libertação e teorias filosóficas, espiritualista e políticas."

> "A intensa e extensa veneração da Madona Negra na Itália tem um equivalente no Brasil no culto das Deusas afro-brasileiras e nas oferendas anuais nas praias, para Iemanjá, a negra mãe das águas, enquanto na França, em Saintes-Maries-de-la-Mer, procissões, missas, rituais e oferendas no mar reverenciam a negra Sara Kali na maior festa de ciganos do mundo."

> "Através de estudos e escritos atuais surgem cada vez mais os antigos símbolos e relatos sobre o culto das Deusas Negras, reverenciadas pelos movimentos feministas, círculos sagrados de mulheres e cultos Neopagãos. O culto atual dos ciganos em Saintes-Maries-de-la-Mer, no sul da França, que reverencia Sara Kali, lembrando a sua origem hindu, foi

adotado pela Igreja Cristã para a procissão de Santa Sara, ignorando qualquer ligação entre a misteriosa figura de Sara, a Deusa Negra hindu e Maria Madalena como filha de Maria e Jesus. A própria igreja da Santa foi construída sobre o antigo templo de Ísis, na gruta onde é guardada a estatua negra (vestida com roupas coloridas e coberta de oferendas de guirlandas, colares e xales dos fiéis) ainda reverbera a antiga egrégora pagã na reverência dos fiéis, na luz das centenas de velas refletida sobre os pedidos e as oferendas suplicando as bênçãos divinas."

No mesmo capítulo a autora cita o teólogo e escritor Matthew Fox (do livro *Moonlit Path*) que apresenta doze temas para a reflexão sobre a volta das Madonas Negras:

1. A Madona Negra nos convida a aceitar e a integrar a escuridão, mergulhando no nosso interior e superando medos e preconceitos ligados à cor negra.
2. Ela nos incentiva a sairmos do antropocentrismo (ver o homem como o centro do Universo) e honrar todas as nossas relações como ensinam as tradições nativas. Assim teremos uma nova visão do Sagrado e da integração com o Todo.
3. A Madona Negra nos conduz para reconhecermos nossos chacras inferiores, além de enfatizar os superiores, alinhando as energias básicas com as energias racionais e espirituais.
4. A Mãe Terra é negra e fértil, ela nutre seus filhos e propicia transformações. A Madona Negra é sua emissária, que nos chama para a consciência ecológica e a luta contra a exploração (de recursos e pessoas), opressões e abusos.

5. A Madona Negra nos ensina a viver de forma profunda, sem evitar a dor ou encobri-la com fugas e dependências, mas mergulhando na nossa profundeza psíquica e no potencial oculto da transformação em todos os aspectos e níveis.

6. Por ser uma Deusa, ela reside em todos os seres, portanto, a nossa Mãe genética universal é negra (e africana, segundo as pesquisas recentes), sendo a mais antiga divindade conhecida. Ela nos chama para a cocriação com o divino e a expansão da criatividade.

7. Devido a sua cor, a Madona Negra incentiva a diversidade e a aceitação de todos os seres como nossos iguais, honrando sua forma de expressão.

8. Como a Mãe que chora por seus filhos, a Madona Negra nos apoia quando sofremos (a noite escura da alma) e nos conduz para a compaixão e o reconhecimento da transformação alquímica por meio da oração, em benefício dos outros e do mundo.

9. Ao mesmo tempo em que a Madona Negra chora, ela nos chama para sair do sofrimento e buscar alegria e prazer na vida, celebrando e agradecendo pelas dádivas recebidas.

10. A Madona Negra desperta em nós a compaixão que é um atributo divino – como um caminho para a nossa integração com a Deusa. Compaixão não é apenas empatia, mas a busca da expressão da justiça, harmonia, equilíbrio e fé.

11. A Madona Negra estimula o renascimento da cultura, a religião e a educação sobre bases e iniciativas espirituais.

12. Como arquétipo que prenuncia uma nova era, a Madona Negra traz a visão da integração entre espiritualidade, cosmologia e sabedoria, além do conhecimento e do aprendizado.

A autora diz: "A imagem da Madona Negra surge cada vez mais na psique humana porque precisamos dela. Suas imagens servem como portais para alcançarmos um novo patamar na nossa evolução, integrando o Céu e a Terra, o espírito com a matéria, a mente e o coração, honrando a luz da Deusa na nossa, assim como na Dela, escuridão".

Sugerimos que o leitor escolha um dos doze temas desse texto para meditar. Procure colocar em prática um desses ensinamentos, um por vez, sempre com a intenção de desenvolver cada vez mais seu potencial divino. Se a Deusa, com sua sabedoria antiga nos favorece com a luz do conhecimento para iluminar nosso espírito, então nos cabe transformar o antigo em novo, usando a sabedoria antiga para o crescimento pessoal.

As Madonas Negras representam o nosso lado mais profundo, escuro e sombrio. Um dia, em uma palestra, ouvi o sábio Rubens Saraceni dizer: "o quanto evoluímos na luz também evoluímos na sombra". Essas palavras ficaram profundamente marcadas e me causaram um alerta e um despertar. E então compreendi que conhecer, saber usar corretamente e lidar com a nossa sombra ou lado escuro interior faz parte da nossa evolução como um todo, para que possamos avaliar, conhecer e compreender a nossa própria força.

4

O Povo Cigano

A origem do povo cigano não é conhecida com precisão, embora exista uma concordância em que a cultura desse povo seja vasta, cheia de mistérios e controvérsias a respeito. Talvez por ser um povo sem um idioma escrito, por mais que sejam feitas pesquisas sobre o assunto, muito pouco pode ser afirmado sobre sua cultura para garantir autenticidade.

Os *ciganos*, *gitanos* ou *zíngaros* como são conhecidos, segundo estudiosos, poderiam ter nascido na Índia, devido à semelhança do seu idioma, o romanês, com o sânscrito, língua clássica indiana.

Viajantes e nômades por natureza, os ciganos trabalhavam geralmente em atividades que lhes permitiam o "ser itinerante", como as práticas divinatórias, o comércio, artistas de circo, ferreiros, etc. E viajando é que alguns clãs chegaram ao Egito, a algumas partes da Europa e depois ao resto do mundo.

À medida que esses viajantes foram se espalhando pelo mundo, dividiram-se em grupos que mantêm suas tradições até hoje.

- Grupo calom: originário do Egito, passando pela Índia e Marrocos, fixando-se principalmente na Espanha e em Portugal, perseguidos e deportados para o Brasil, e seguidores fiéis das tradições ciganas.
- Grupo Rom: originário da Hungria, Romênia, Turquia, Iugoslávia, Rússia e Grécia, são rigorosos em preservar as tradições e possuem grande conhecimento de magia. É o maior grupo do mundo e dividiu-se em pequenos grupos, como:
  - Os *kalderash*: vindos da Romênia e da Iugoslávia, são os guardiães da cultura cigana.
  - Os *matchuaia*: vindos da Iugoslávia, praticam o nomadismo ainda hoje, mudando de cidades e hospedando-se em hotéis.
  - Os *louvara*: vindos da Hungria, são grandes feiticeiros, cartomantes e domadores de cavalos.

Devido às leis preconceituosas contra os ciganos que foram promulgadas em Portugal, no período compreendido entre 1526 a 1708, este povo foi deportado para Angola, depois expulso das colônias portuguesa, de Portugal e da Espanha.

Quando chegaram ao Brasil, eram proibidos de falar seu idioma. Como vieram como degredados, eles eram destinados a trabalhar na forja, fabricando ferraduras, ferramentas e apetrechos domésticos e eram empregados como meirinhos da corte, que levavam notícias e comunicados ao reino e às terras brasileiras, devido sua facilidade de andar pelo mundo.

Atualmente os ciganos vivem pelo mundo em relativa paz, embora tenham sofrido os mais diferentes tipos de discriminação e preconceito nos diversos países onde habitaram. Durante a Inquisição, eles foram condenados pelos tribunais. No país de Gales, misturaram-se com a população local e deram origem aos ciganos mistos, europeus com sangue cigano, os quais continuaram a sofrer discriminação, mostrando que o preconceito continuava a existir contra esse povo.

Muitos ciganos, devido às experiências passadas, omitem suas origens, continuando a cultivá-las somente dentro do clã a qual pertencem.

O gosto pelas viagens, a liberdade, o desejo de encontrar fortunas e novas terras fez com que o povo cigano adotasse o nomadismo como modo de vida. E esse nomadismo gerou, em outras culturas, crenças onde se acreditava que ciganos eram ladrões de crianças, vendedores de ouro falso e de ideias mentirosas e feiticeiros, pois o povo cigano geralmente trabalha duro em prol do interesse do clã.

No momento atual, está acontecendo uma grande aproximação entre ciganos e não ciganos, o que proporciona maior conhecimento e esclarecimento sobre essa cultura tão rica.

Modo de vida dos Ciganos

Desapego de bens materiais é uma das condutas do povo cigano. Eles possuem códigos e leis seguidas por todos os grupos de ciganos do Planeta.

O clã é a base do povo cigano, que é comandado pelo chefe supremo, o mais velho, o *barô*, ou por um grupo de líderes, os *kakus*, sábios e feiticeiros que tomam as decisões importantes e melhores para o clã. Não existem opiniões femininas, apenas masculinas nestas ocasiões, tampouco nas reuniões da *kris romani*, tribunal que julga os mais diversos e diferentes assuntos.

Os ciganos levam em consideração a palavra dada, empenhada ou comprometida, e esta palavra, ao ser respeitada, é uma demonstração da riqueza de caráter da pessoa. Eles tem alta consideração pelas pessoas mais velhas, por serem as mais sábias, e não se envolvem em discussões, brigas, confusões ou badernas, respeitando a liberdade de cada pessoa.

As mulheres não cortam os cabelos por acreditarem que estão cheios da energia mais pura e que, ao serem cortados, perdem as forças, inclusive para assuntos de magia. Elas usam vestidos decotados, têm seios volumosos, para sustentar novos ciganos, usam saias rodadas e longas e casam-se muito cedo. O casamento e a sexualidade têm a finalidade de gerar filhos.

Os casais não se separam. A esposa serve ao marido e o dinheiro ganho pela mulher é todo entregue a ele. Nos clãs onde as famílias vivem juntas, o marido divide o dinheiro ganho pela família com o chefe do clã.

A mulher, e somente ela, pode castigar filhos e netos. *Bába* é a mulher mais velha do clã e é consultada em todas as decisões. Ela também pode ser uma *shuvani*, ou feiticeira ou fazedora de magia. As mães ensinam as filhas a cartomancia, a quiromancia e a hierarquia, preparando-as para serem esposas fiéis, mães e mulheres prestativas ao clã.

Ao homem, enquanto pai, cabe a ele ensinar aos filhos a hierarquia do clã. A partir dos sete anos os meninos saem com os pais para trabalhar e sustentar a família. Aos avós cabe ensinar o romanês perfeitamente, contar histórias sobre o povo cigano, ensinar magia e a usar as ervas.

Destino, antepassados, olho grande (ou ruim) e religiosidade são costumes ou crenças ciganas dos devotos de Santa Sara, a padroeira universal do povo cigano, que, como vimos, é uma Santa de culto regional e nunca foi canonizada pela Igreja Católica. Em cada *tsara* ou casa existe uma imagem da Santa, bem como medalhas de proteção que os ciganos usam penduradas no pescoço. No Brasil, os ciganos respeitam e adotam Nossa Senhora Aparecida também como Santa de devoção.

O nascimento de uma criança, no clã é um momento de grande alegria, pois representa a continuidade do povo cigano. Nesse momento, os pais ganham privilégios. O pai ganha autoridade e prestígio e a mãe deixa de ser a nora (*bori*) e passa a ser como as ciganas mais velhas.

A mulher grávida é coberta de cuidados durante todo o período da gravidez, não podendo, de forma alguma, ver ou ouvir coisas feias ou ruins.

O primeiro banho, ou o "banho da prosperidade" do recém-nascido é muito importante. Durante a primeira mamada, a mãe fala baixinho no ouvido do filho recém-nascido um nome secreto para protegê-lo de influências negativas. A criança recebe outro nome pelo qual será conhecido no clã e ainda outro nome usado publicamente. O nome que foi soprado pela mãe no ouvido do bebê é mantido em segredo até os sete anos.

São os pais que escolhem e combinam o casamento. A noiva é escolhida pela mãe do noivo e é raro os escolhidos rejeitarem a proposta. A família do noivo paga um dote a família da noiva, a moça passa a pertencer a família do noivo e só pode voltar para sua família se ficar viúva. É adotado e respeitado o teste de virgindade. Os rituais de casamento geralmente duram três dias.

Quando morre um cigano, no enterro é essencial que se fale bem dele para que o falecido não seja arrebatado por divindades ciganas que castigam os mortos. Ao término do enterro, que deve ser feito com pompa, é servido um banquete na casa do falecido. Pomanas são reuniões feitas de tempos em tempos para lembrar e honrar a pessoa que morreu. É também uma reunião de caráter prático, onde se resolve sobre a continuidade das obrigações do falecido.

As festas que são feitas aos santos protetores de cada criança cigana são chamadas de *slava*, e geralmente é feita no dia que se comemora este santo, anualmente.

O povo cigano é festeiro e suas principais festas acontecem nos nascimentos, batizados e casamentos. Mas também festejam qualquer outro acontecimento e com rituais diferentes. As melhores roupas e joias, o melhor cachimbo, músicos com seus instrumentos, histórias sobre antepassados, castanholas, sapateado, fogueira, as imagens de Santa Sara, Nossa Senhora Aparecida e Iemanjá, flores, incensos, cristais, lenços coloridos, doces em compoteiras, pães, frutas frescas, maças, assados variados, comidas típicas, cervejas, vinhos, sucos, chás, danças ao redor da fogueira, são os componentes de uma verdadeira festa (*bródio*) cigana, onde com certeza não faltará alegria, prazer, sensualidade e união.

A Relação de Santa Sara com o Povo Cigano

O povo cigano vive em estreito contato com a natureza e adoram e veneram um só Deus. Eles possuem uma essência mística e religiosa e um grande amor pelas divindades.

Os ciganos dizem que Santa Sara só tem olhos para eles, que conhecem suas tradições e que eles a encontram na sombra da cripta. Antes que colocassem grades no seu monumento e fechassem seu acesso à noite, os ciganos viajantes pernoitavam e pediam proteção a Santa Sara oferecendo velas a Virgem Negra. A peregrinação que os ciganos fazem ao local onde está a estátua de Santa Sara tem uma intenção diferente a dos católicos. Eles sabem que os objetos mortos só podem viver à medida que os homens lhes dão vida.

Quando visitam a cripta de Santa Sara, os ciganos têm por hábito contar a ela seus dissabores e também suas alegrias. Muitos beijam os lábios da Santa, como se ela fosse a amante querida, sugando-lhe dos lábios a energia para renovação de suas forças, coragem, ânimo, magia, etc.

Outros abraçam a imagem, beijam-lhe o rosto e a fronte tratando-a de uma forma muito íntima, como se a imagem da Santa pudesse assemelhar-se ao ser humano. Este comportamento um tanto exagerado dos ciganos levou algumas pessoas, não ciganas, a acreditarem que a imagem é um símbolo para rituais ciganos de acasalamento e fertilização das mulheres. Os ciganos não comentam sobre o assunto e deixam os curiosos na dúvida.

A vigília feita na cripta da Santa na noite de 24 para 25 de maio tem por objetivo proporcionar aos ciganos que a visitam uma maior intimidade com a energia poderosa de Santa Sara e se transforma numa grande demonstração de uma fé sólida do povo cigano.

De forma surpreendente, a imagem de Sara emana uma energia quase mágica. Talvez por ser depositária da fé e dos carinhos dos ciganos, a imagem ganha vida e força como se tivesse eletrizada. Aqueles que a tocam sentem-se abençoados. Símbolo mágico e poderoso para os ciganos é o fio condutor da energia do Céu e da Terra em direção ao povo cigano.

A proteção de Sara confere às pessoas emanações sempre benéficas, que representam, simbolicamente, o ventre da sua mãe, seu sorriso, a irmã e a rainha. A *phuri dai* secreta dos Roms. Dizem que uma pessoa de bom coração consegue ver o sorriso na estátua de Santa Sara.

Embora ligados e orgulhosos da sua estreita ligação com Santa Sara, os ciganos costumam se converter a tradição religiosa do local ou país onde se estabelecem. Esta forma de ação os ajuda a se defenderem dos preconceitos que geralmente são vítimas. Na Europa, especialmente na França, eles se declararam católicos, a partir daí ficou mais fácil continuar com sua devoção, embora Santa Sara seja uma Santa atípica, não canonizada pela igreja e ainda ligada a muitos mitos pagãos.

A Igreja Católica reconheceu como Santo Católico o cigano Zeferino Gimenes Malla, popularmente conhecido como El Pele.

Tradições Ciganas

Os dias 24 e 25 de maio, consagrados ao culto de Santa Sara, é para os ciganos época da peregrinação até Camargue, sul da França, para adoração a Santa. Esta é uma tradição sagrada e secular. Ciganos de quase todas as regiões da Europa, África, Oriente e dos quatro cantos do mundo, reúnem-se na pequena igreja de Saint-Michel em louvor e homenagem a Santa Sara.

Uma semana antes da festa, numerosos clãs e grupos ciganos, vindos de todas as partes do mundo, chegam à região para a procissão que leva a figura da Santa Negra transportada no andor pelas ruas da vila, saindo da igreja e terminando nas águas do Mediterrâneo. A passagem dos ciganos por aquela vila francesa não tem apenas um objetivo religioso. Durante cerca de uma semana os ciganos mostram o que a sua cultura tem de mais belo e tradicional, com os ciganos a encher as pequenas ruas de Saintes-Maries-de-la-Mer, com a música e as danças tradicionais. Os terrenos em redor da vila são totalmente ocupados pelos acampamentos ciganos. Mas salvo raras exceções, as carroças de tração animal do passado deram hoje lugar aos trailers com televisão e parabólica, puxados pelos últimos modelos das mais conceituadas marcas de automóveis.

A comemoração de Santa Sara tem seu auge desde a madrugada do dia 24 de maio e durante todo o dia. Na tarde deste dia acontece a procissão que leva a Santa até o mar e, antes e depois da procissão, na cripta subterrânea onde estão os despojos da Santa, é que os fiéis ciganos se juntam em orações.

O local é pequeno e o número de velas acesas é enorme, o que ocasiona grande calor. Tudo acontece na cripta, abraços e beijos na imagem da Santa, cartas depositadas numa caixa de madeira, choro, pedidos e falas incompreensíveis.

Antigamente aconteciam intensos transes com manifestações espirituais de antepassados ciganos aconselhando aqueles que estavam na vigília. A imagem de Sara está disposta no fundo da cripta, à direita.

A procissão acontece às 15 horas, quando a imagem de Santa Sara é retirada da cripta da igreja. Alguns, em homenagem, cobrem a imagem com coloridos mantos geralmente em tons de azul. São tantos mantos que a imagem mal pode ser vista.

O andor é levado por quatro ciganos e, ao redor do andor, os integrantes da Ordem de São Jorge – confraria fundada em 1512, a cavalo, protegem a imagem. Os moradores do local formam outra escolta. Os padres, vestidos em cores claras, acompanham a procissão. Todos entoam cantos católicos em francês, que se misturam com a música cigana.

A procissão chega à praia e os ciganos levam a Santa até o mar. A água lhes chega até a cintura e os acompanhantes fazem um grande e respeitoso silêncio. Preces de agradecimento, louvores e brados reverenciam a imagem da Santa. Logo em seguida, a procissão retorna trazendo a imagem de volta a cripta.

No dia 25 de maio, de manhã, acontece a procissão das Santas Marias Jacobé e Maria Salomé, que serão levadas ao Mar Mediterrâneo também pelos ciganos. Agora é tudo mais sério que na procissão anterior e os padres entoam seus cânticos acompanhados dos fiéis. As pessoas aplaudem as imagens das Santas. Os ciganos reverenciam as Santas Marias com profundo respeito. A procissão é bonita e é uma homenagem cristã, cheia de pura alegria e fé.

À tarde, no interior da Igreja de Nossa Senhora do Mar, são feitos discursos de agradecimento. Músicas e liturgias são entoadas nas guitarras flamencas, assim como Ave-Marias em dialetos ciganos, testemunhos de fé e graças recebidas, mostrando a força cristã relacionada a Santa Sara.

A misteriosa Santa Sara é uma Santa Católica, isso é fato, mesmo sua origem sendo duvidosa e cheia de lendas. Como vimos, não se conhece a razão exata que levou os ciganos a eleger Santa Sara como sua padroeira.

A peregrinação do mês de maio

24 de maio

10h – missa de abertura da peregrinação
15h – cerimônia de descidas do Relicário das Duas Marias
16h – procissão de Santa Sara
21h30 – vigília para preces e missa

25 de maio

7h – primeira missa
10h – missa solene das Santas Marias Jacobé e Salomé
11h – procissão das Santas Marias, com bênção no mar
15h – cerimônia de reposição do Relicário das Duas Marias

26 de maio

Jornada em memória do Marquês de Baroncelli
11h30 – abrivado[1] e bandido[2] nas ruas da cidade
12h – cerimônia no túmulo do Marquês de Baroncelli
18h30 – danças e jogos típicos da região

(Texto extraído do livro *Mistérios de Santa Sara*, de Sibyla Rudana)

---

1. Abrivado: demonstração de perícia dos cavaleiros, na separação dos touros jovens dos adultos.
2. Bandido: o touro jovem é laçado para a aplicação da marca do proprietário.

O Hino Cigano

Durante o I Congresso Cigano Mundial realizado em Londres, pelo Comitê Cigano Internacional, Jarko Janovic, um cigano iugoslavo, compôs o Hino Cigano Internacional (Djelém, Djelém) que narra o sofrimento aos quais os ciganos foram submetidos nos campos de concentração nazistas, durante a II Guerra Mundial. O hino descreve esse momento e a admirável capacidade dos ciganos de erguer a cabeça e não se deixar abater facilmente, voltando para as estradas da vida e seguindo seus caminhos.

O Hino em Romani *(idioma dos ciganos)*

Djelém, Djelém (OPRÉ ROMÁ)
Djelém djelém lungóne droméntsa,
Maladilém baxtalé Rroméntsa.

Ah, Rromalé, katár tumén avén,
E tsahréntsa, baxtalé droméntsa.

Ah, Rromalé,
Ah, Chavalé.

Vi man sasí ekh barí família,
Mudardá la e Kalí Legíja;

Avén mántsa sa e lumnjátse Rromá
Kaj phutajlé e rromané droméntsa.

Áke vrjáma, ushtí Rromá akaná,
Amén xudása mishtó kaj kerása.

Ah, Rromalé,
Ah, Chavalé.

Traduzido para o Português

Andei, Andei (LEVANTEM-SE ROM)
Andei, andei por longas estradas,
e encontrei os de sorte.

Aí ciganos, de onde vocês vêm
com suas tendas e crianças famintas?
Ó, velhos ciganos, ó, jovens ciganos,
Eu também tive uma grande família,
mas a Legião Negra a exterminou;
homens e mulheres foram mortos
e também crianças pequenas.

Aí velhos ciganos, aí jovens ciganos,
abra Senhor, as portas escuras
para que eu possa ver onde está minha gente.

Voltarei a percorrer os caminhos e
andarei com os ciganos de sorte
Aí velhos ciganos, aí jovens ciganos,
já é hora, levantemo-nos,
é chegado o momento de agir.

Venham comigo ciganos do mundo
Aí velhos ciganos, aí jovens ciganos.

(Informações obtidas do site 1ª feira mística)

O Hino a seguir é muito conhecido tradicionalmente pelos ciganos e muito cantado em festas em homenagem a Santa.

Hino a Santa Sara Padroeira dos Ciganos

Sempre ao meu lado ela está com seus mistérios, sua luz.
Santa Sara, Santa Sara minha vida tu conduz.
Santa Sara, Santa Sara minha vida tu conduz.
Somos filhos do vento, das estrelas, do luar.
Tua voz, meus sentimentos, tua força em meu cantar.
Te pedimos pela vida, pelo brilho dos cristais.
Estrela de cinco pontas meu caminho sigo em paz.
Sempre ao meu lado ela está com seus mistérios, sua luz.
Santa Sara, Santa Sara minha vida tu conduz.
Santa Sara, Santa Sara minha vida tu conduz.

Escureça com a noite o olhar dos inimigos
A ti peço todo dia que abençoe minha tsara
Santa Sara me acompanhe, ilumine meu pensar
E palavras de carinho quero a todos ofertar
Santa Sara, Santa Sara minha vida tu conduz.
Santa Sara, Santa Sara minha vida tu conduz.

E me afasta do orgulho, da vaidade, da ambição.
Sei que herdarei o mundo dando a ti meu coração.
Santa Sara me acompanhe, ilumine meu pensar.
E palavras de carinho quero a todos ofertar.
Santa Sara me acompanhe, ilumine meu pensar.
E palavras de carinho quero a todos ofertar.
Sempre ao meu lado ela está com seus mistérios, sua luz.
Santa Sara, Santa Sara minha vida tu conduz.
Santa Sara, Santa Sara minha vida tu conduz.

Bandeira Cigana

Os ciganos também possuem uma bandeira como forma de identificação de sua nacionalidade, mesmo não tendo um território demarcado geopoliticamente, ao qual possam chamar de pátria. Isso se deve ao fato de que por inúmeras adversidades ao longo dos tempos este povo se viu obrigado a vagar de país em país por todo o mundo.

A Bandeira Cigana atual foi instituída como símbolo internacional de todos os ciganos, em 1971, em Londres, no mesmo Congresso que foi instituído o Hino Cigano, bem como o dia 8 de abril foi considerado o "Dia Internacional dos Ciganos". No Brasil, o Dia do Cigano é comemorado todo 24 de Maio.

Em sua composição podem ser observadas duas faixas; uma superior de cor azul e uma inferior de cor verde. No centro se localiza uma roda de carroça estilizada de cor vermelha que significa:

Faixa azul: representa o céu, os valores espirituais, o desenvolvimento e a ligação do consciente com o inconsciente.

Faixa verde: representa a natureza e tudo que ela nos oferece, a energia que alimenta a vida.

Roda vermelha: a roda localizada no centro da bandeira simboliza a vida, as estradas percorridas em cima das carroças, a transformação e o movimento. Parece também que a disposição em 16 aros representa os 16 principais clãs ciganos, ou a Samsara ou Roda Indiana (está ligado ao ciclo de existências que antecedem a libertação da alma).

Santa Sara no Brasil

A Igreja Católica santificou, mas não canonizou Santa Sara, e é dessa forma que o povo cigano a cultua. No Brasil, Santa Sara divide a preferência dos ciganos brasileiros com Nossa Senhora Aparecida e São Jorge Guerreiro. Os ciganos brasileiros adoram Nossa Senhora de Aparecida, talvez por causa de sua cor, e muitos a equiparam a Santa Sara Kali. Aqueles que não possuem uma imagem dela, por ser difícil encontrá-la, com certeza têm em sua barraca ou casa uma imagem de Nossa Senhora de Aparecida. Não raro, possuem as duas. Sara é a mais venerada Santa para os ciganos, e todo acampamento cigano conduz uma estátua da Virgem Negra, ou a tem depositada num altar de uma das tendas cercadas por velas, incenso, flores, frutas e alimentos.

Como tudo que se relaciona a Santa Sara é um mistério, não seria diferente à referência sobre sua chegada ao Brasil. Foram encontrados textos na internet, que transcrevo a seguir, dizendo da sua chegada e da divulgação da Santa em nosso país.

"Quando o culto a Santa Sara veio para o Brasil, ainda é uma matéria controversa. Quem trouxe? É mais controverso ainda... Entretanto, podemos afirmar, sem medo de errar, que é da década de 1960. Mirian Stanescon (cigana, assim ela se diz), conseguiu, após negociação pertinaz com a Prefeitura do Rio de Janeiro, a concessão de uma gruta, no Arpoador, onde pôde entronizar ou fazer assentamento para culto reverencial (de ciganos e *gadjês*), sendo que a imagem de Santa Sara, por tradição, deve ficar com a face virada para o mar ou, no mínimo, próximo a ele, e isto foi atendido."

"A difusão do culto de Santa Sara Kali no Brasil se deve a novelista Glória Peres, que em sua novela Explode Coração, exibida em novembro de 1995, pela Rede Globo, introduziu a Santa praticamente como uma personagem."

Inicialmente, a Santa foi apresentada com a cor de pele branca, equívoco que logo foi reparado. Na verdade, não caracterizava a imagem de Santa Sara conhecida na França e em toda a Europa. Era uma adaptação da imagem de Nossa Senhora da Conceição, as mãos postas em prece e sem anjos nos pés. Essa imagem logo se espalhou e ganhou notoriedade, sendo reproduzida por fábricas de artigos religiosos, principalmente umbandistas, somando seu culto à linha do oriente (ciganos). Mais uma vez encontramos controvérsias, desta vez relacionadas às datas da chegada da Santa no Brasil.

"Em março de 1990, a imagem de Santa Sara Kali foi descoberta pelo casal de artistas sacros Neyde e José Marçal. Até aquela data o brasileiro não tinha a menor ideia de quem era Santa Sara Kali, muito menos se ela era ou não a padroeira dos ciganos." (*Os Mistérios de Santa Sara* – Sibyla Rudana)

5

O culto a Santa Sara

Quando somos devotos da amorosa Santa Sara, sentimos a necessidade de uma ligação mais profunda. As indicações a seguir são algumas maneiras de mantermos vivos e próximos a nós esse contato.

Altar de Santa Sara

A palavra altar deriva do latim altare ou ara (latim clássico), tendo como significado uma plataforma alta, semelhante a uma mesa constituída por uma rocha, elevação ou outra estrutura que possibilite ao sacerdote, líder ou mentor espiritual sacrificar à divindade, ou divindades, em um templo religioso ou local sagrado.

Na frente do altar, sintonizamo-nos com energias superiores para nos proteger e para nos comunicarmos com a divindade.

Coloque no seu altar para Santa Sara uma linda toalha branca ou azul (cor relacionada a Santa), rosas amarelas, pães, frutas, moedas, uma taça de vinho ou de água, incenso de rosas ou flores, cristais, uma vela azul e a imagem de Santa Sara.

Quando for rezar para a Santa em frente ao seu altar, tenha pensamentos harmoniosos e cheios de gratidão por ser ela uma Santa, amiga, protetora e conselheira. Peça proteção para sua família e faça seus pedidos com o coração aberto. Quando seu pedido for atendido, ofereça a Santa um bonito lenço em agradecimento.

Bênção de Santa Sara

Para sentir a energia da Santa, pegue um copo com água filtrada e faça uma mentalização para limpeza de seu interior, limpeza no corpo físico e do corpo espiritual.

Coloque sua mão direita sobre o copo e repita:

> Deus Pai, Santa Sara, meu povo cigano, que desça sobre este copo com água suas energias de amor, saúde, paz e prosperidade. Que Sara Kali, derrame todas as suas bênçãos nesta água, que é a fonte da vida, é fonte purificadora. E que ao bebê-la, todo o meu corpo físico e meu corpo espiritual sejam purificados de condensações energéticas negativas, de energias que adoecem a alma e contaminam a mente. Que eu seja abençoado(a) e protegido(a) pelo seu amor, minha Sara Kali. Amém!

Beba a água lentamente, sentindo que ela está limpando todo o seu interior. Se você sentir algum desconforto, não se preocupe, pois faz parte dessa limpeza e será passageiro.

(Essa bênção de Santa Sara foi passada pela Cigana Isabelita na Rádio Mundial-SP)

Consagrando a imagem de Santa Sara

A imagem de Santa Sara pode ser consagrada de diferentes formas. Escolha a que seu coração indicar. Você pode levar a imagem ao mar e banhá-la em suas águas. Porém nunca afunde a imagem na água.

É possível também perfumá-la com lavanda ou outro perfume de sua preferência.

Outra forma de consagrá-la é colocando no seu altar, em frente a imagem, um vaso com três rosas brancas (representando as três Marias) e acendendo uma vela azul clara.

A imagem emana uma energia quase mágica, é como um fio condutor que liga o Céu e a Terra e nos aproxima ainda mais de tudo aquilo que acreditamos.

Manjar de Santa Sara

Durante as festas ciganas ou, na Slava de Santa Sara, nos dias 24 e 25 de maio, este manjar é servido.

Ingredientes

- 1 garrafinha pequena de leite de coco
- 1 xícara de açúcar
- 150 g de coco ralado
- 3 colheres de amido de milho
- Ameixas em calda
- Clara de 3 ovos
- Fava de baunilha a gosto
- Raspas limão

Modo de fazer

Misture tudo e leve ao fogo brando para cozinhar até que se forme um mingau. Coloque numa forma e leve para geladeira até endurecer e depois desenforme. Bata as claras em neve, acrescentando o açúcar, a calda de ameixa e as raspas de limão. Cubra o manjar e leve ao forno rapidamente para dourar e estará pronto para servir.

Manto de Santa Sara

Quando alcançamos uma graça num pedido feito a Santa, podemos lhe oferecer um manto. Na impossibilidade de oferecer este manto, que geralmente é grande, podemos substituí-lo por um lenço e colocá-lo envolvendo a imagem que temos no altar.

As cores deste manto ou lenço podem ser:

AMARELO OU DOURADO: quando alcançamos qualquer tipo de vitória.

AZUL: em agradecimento a um pedido de proteção, luz espiritual, poder intuitivo e filhos.

BRANCO: quando alcançamos resposta a pedido de paz de espírito, casamento e agradecimentos em geral.

LILÁS: quando foram alcançadas respostas nos pedidos de carinho, amor e prosperidade.

PÚRPURA: para respostas aos pedidos de prestígio e vantagens profissionais.

ROSA: para respostas aos pedidos de amor, compaixão e maternidade.

VERDE: para respostas aos pedidos de saúde, bens adquiridos e vitalidade.

Histórias contam que Santa Sara, quando morreu, teve seu corpo envolvido em um manto de ouro antes de ser devolvida ao mar. Por isso o manto (lenço) tem um significado tão profundo no seu culto.

Para oferenda, cubra o manjar com pétalas de rosas brancas e leve-o ao mar. Pode ser também recheados de pedidos. Acendas três velas, para Santa Sara, Maria Salomé e Maria Jacobé.

Oráculo de Santa Sara

Muitos oráculos foram desenvolvidos com base na cultura do povo cigano. Existe um oráculo bem simples e fácil de você mesmo fazer. É um jogo de conchas onde as respostas obtidas são SIM ou NÃO.

Material

- 1 moeda sobre a toalha
- 1 toalha pequena com uma mandala no centro
- 12 conchinhas (de praia), sendo duas auxiliares (de preferência diferenciada das outras)
- Incensos ou velas conforme sua intuição

Como jogar

Coloque a toalha aberta em uma superfície que achar adequada. Na mão direita, pegue 10 conchinhas e mentalize a pergunta. Desenhe mentalmente uma estrela de cinco pontas. Em seguida, esfregue as conchas com as duas mãos e jogue.

Respostas

As conchas que caírem fora da toalha devem ser eliminadas. Se dentro da mandala a quantidade de conchas for em número par, a resposta é SIM. Se for número ímpar, a resposta é NÃO.

As conchas voltadas para cima indicam facilidade. As voltadas para baixo indicam dificuldade.

As duas conchinhas auxiliares são usadas para questões relacionada ao tempo, representado por meses. Portanto, para perguntas sobre tempo, jogue as 12 conchinhas e conte os meses a partir do mês presente.

Presentes de Santa Sara

No dia de Santa Sara, prepare pequenos presentes para seus entes queridos. Coloque aos pés da imagem da Santa vários lenços pequenos e coloridos, dobrados em triângulos, como se fossem mantos. Energize-os com orações e agradecimentos. Após prepará-los, presenteie suas pessoas queridas.

Quem receber este presente deverá fazer um pedido, dar um nó ao meio do lenço e guardar. Quando o pedido for realizado é só desfazer o nó e guardá-lo.

6

Orações

Bênção do Dinheiro

Sara, Amada Mestra,
Abençoe meu dinheiro
Para que ele se multiplique.

Assim como Jesus
Multiplicou os peixes.

Que cada moeda e nota
Seja mil em minhas mãos.

Obrigada, Amada Sara!
Eu Sou o dinheiro que preciso!
Eu Sou, Eu Sou, Eu Sou.

Devocional a Santa Sara Kali

Sara, Sara, Sara, fostes escrava de José de Arimateia, no mar fostes abandonada (peça para que nada o abandone: amor, saúde, felicidade, fé, amigos, dinheiro).

Teus milagres no mar se sucederam e como Santa te tornastes; à beira do mar chegastes e os ciganos te acolheram. Sara, Rainha, Mãe dos Ciganos, ajudaste a eles e a ti eles te consagraram como sua protetora e mãe vinda das águas. Sara, Mãe dos Aflitos, a ti imploro proteção para o meu corpo, luz para os meus olhos enxergarem até no escuro (peça forças para os seus olhos, vidência), luz para o meu espírito e amor para todos os meus irmãos, brancos, negros, mulatos, enfim, a todos os que me cercam. Aos pés de Maria Santíssima, tu, Sara, me colocarás e a todos que me cercam para que possamos vencer as agruras que a terra nos oferece.

Sara, Sara, Sara, não sentirei dores nem tremores, espíritos perdidos não me encontrarão e, assim como conseguistes o milagre do mar, a todos que me desejarem mal, tu com as águas me fará vencer (se a pessoa não está bem e está querendo resolver algo muito importante, neste momento, beba três goles de água). Sara, Sara, Sara, não sentirei dores nem tremores e continuarei caminhando sem parar; assim como as caravanas passam, no meu interior tudo passará e a união comigo ficará; e sentirei o perfume das caravanas que passam deixando o rastro de alegria e felicidade. Teus ensinamentos deixarás!

Amai-nos, Sara, para que eu possa ajudar a todos que me procurem, ajudados pelos poderes de nossos irmãos ciganos. Serei alegre e compreensivo com todos os que me cercam. Corre no Céu, corre na Terra, corre no Mundo e Sara, Sara, Sara, estará sempre na minha frente.

Assim como os ciganos pedem: Sara, fique sempre na minha frente, sempre atrás, do lado esquerdo, do lado direito. E assim dizemos: somos protegidos pelos ciganos e pela Sara que me ensinará a caminhar e a perdoar.

Reze três Ave-Marias, sendo a primeira para Santa Sara, a segunda para os ciganos e a terceira para você.

Milagroso Canto à Virgem Sara

Farol do meu caminho!
Facho de Luz! Paz!
Manto Protetor! Suave conforto.
Amor! Hino de Alegria!
Abertura dos meus caminhos! Harmonia!
Livra-me dos cortes. Afasta-me das perdas.
Dai-me a sorte!
Faz da minha vida um hino de alegria, e aos seus pés me coloco, minha Sara, minha Virgem Cigana.
Toma-me como oferenda e me faz de flor profana o mais puro lírio que orna e traz bons presságios à Tenda.
Salve! Salve! Salve!

(Segredos das cartas ciganas – Sibyla Rudana – Cristalis)

Oração à Padroeira dos Ciganos

Santa Sara, és a luz que ilumina nossos caminhos, és a virgem.
Que aquele que tem no coração amor e Fé,
que encontre a solução dos seus problemas.
Santa Sara, que com tua força e sabedoria
possamos alcançar os nossos objetivos.
Ilumina-me com teus poderes celestiais.
Que eu possa neste momento sentir a tua presença.
Que, com a força do Sol, com a força da Lua,
Com a força do Fogo e com os poderes da mãe Terra,
nesta hora possamos sentir a tua presença
abençoando a todos nós que necessitamos da tua ajuda.

(*Ciganos do Passado, espíritos do presente* – Ana C. Natasha – Pallas)

Oração a Santa Sara Kali

Em Romani

Manglimos Katar e Santa Sara Kali
Tu Ke San Pervo Icana Romli Anelumia
Tu Ke Biladiato Le Gajie Anassogodi Guindiças

Tu Ke daradiato Le Gajie,
Tai Chudiato Anemaria Thie Meres Bi Paiesco

Tai Bocotar Janes So Si e Dar, E Bock,
Thai O Duck Ano Ilô Thiena Mekes Murre Dusmaia Thie Açal Mandar

Thai Thie Bilavelma Thie Aves Murri Dukata Angral O Dhiel
Thie Dhiesma Bar, Sastimôs

Thai Thie Blagois Murrô Traio
Thie Diel O Dhiel.

Versão em Português

Tu que és a única Santa Cigana do Mundo,
Tu que sofrestes todas as formas
de humilhação e preconceitos.

Tu que fostes amedrontada e jogada ao mar,
para que morresses de sede e de fome.

Tu sabes o que é o medo, a fome,
a mágoa e a dor no coração.

Não permitas que meus inimigos zombem
de mim ou me maltratem.

Que Tu sejas minha advogada perante a Deus,
que Tu me concedas sorte, saúde
e que abençoe a minha vida.
Amém!

Oração de proteção

Santa Sara, minha protetora,
Cubra-me com seu manto celestial.
Afaste as negatividades que porventura
estejam querendo me atingir.

Santa Sara, pela força das águas,
pela força da Mãe-Natureza,
esteja sempre ao nosso lado com seus mistérios.

Nós, filhos dos ventos, das estrelas,
da Lua cheia e do Pai Sol,
pedimos a sua proteção contra os inimigos.

Santa Sara, ilumine nossas vidas com o seu poder celestial,
para que tenhamos um presente e um futuro
tão brilhantes, como são os brilhos dos cristais.

Santa Sara, ajude os necessitados;
dê luz para os que vivem na escuridão,
saúde para os que estão enfermos,
arrependimento para os culpados
e paz para os intranquilos.

Santa Sara, que o seu raio de paz, de saúde e de amor
possa entrar em cada lar, neste momento.

Santa Sara, dê esperança de dias melhores
para essa humanidade tão sofrida.

Santa Sara milagrosa, protetora do povo cigano,
abençoe a todos nós, que somos filhos do mesmo Deus.

(Como Descobrir e Cuidar dos Ciganos dos seus Caminhos
– Ana da Cigana Natasha)

Oração para Santa Sara

Minha Mãe e querida Sara Kali,
que em vida atravessaste os mares
e com vossa fé levaste à vida novamente
a todos que contigo estavam.

Vós, que Divina e Santa és amada e cultuada por todos nós,
mãe de todos ciganos e do nosso povo,
Senhora do amor e da misericórdia, Protetora dos Rom.

Vós que conhecestes o preconceito e a diferença
Vós que conhecestes a maldade,
muitas vezes dentro do coração humano, olhai por nós.
Derramai sobre vossos filhos,
vosso amor vossa Luz e vossa paz.

Dai-nos vossa proteção para que nossos caminhos
Sejam repletos de prosperidade e saúde.

Carrega-nos com vossas mãos e
protegei nossa liberdade, nossas famílias, e
colocai no homem mais fraternidade.

Derramai vossa Luz nas vossas filhas para que
possam gerar a continuação livre do nosso povo.

Olhai por nós em nossos momentos
de dificuldade e sofrimento,
acalmai nossos corações nos momentos de fúria,
guardai-nos do mal e dos nossos inimigos,
derramai em nossas cabeças vossa Paz,
para que em paz possamos viver,

Abençoai-nos com teu amor Santa Sara Kali,
que ao Pai celestial possas levar nossas orações
e abrandar nossos caminhos.

Que Vossa Luz possa sempre aumentar em Teu Amor,
misericórdia e no Pai, e que assim sejas louvada
para todo o Sempre.

Oração Umbandista para Santa Sara

Salve Rainha Sarah. Salve sua formosura.
Que a tua magia se faça sempre presente na minha vida
e na de todos aqueles que estiverem sob o meu teto.

Quando estiveres no caminho de tuas vibrações maiores,
não te esqueças dessa humilde criatura,
cujo caminho é árduo de sofrimento e provocações.

Salve tua harmonia, que tanta falta nos faz
neste mundo de tempestades e tormentas.

Que os teus sete ciganos cavaleiros andantes possam,
com tua permissão, favorecer todos os que deles precisarem.

Rainha e Senhora dos grandes segredos,
dos grandes mistérios, não nos deixe caminhar
sem tua proteção, sem os teus cuidados.

Onde começa a tua ternura é onde avança a nossa esperança.
Salve o povo cigano. Salve Santa Sarah Kali! Saravá!

Para conquistar o amor de um homem

Faça o sinal da cruz.

Salve a Santa Rainha Cigana Santa Sara Kali.
Salve todas as forças da Natureza:
o Fogo, a Água, o Ar e a Terra.

Salve toda semente que brota no seio da terra,
as flores e os frutos benditos.
Salve o calor do sol e a luz mágica da Lua.

Em nome de todas essas energias poderosas,
rogo com toda humildade para que Santa Sara Kali,
ilumine os caminhos de (_____) no trabalho,
no amor e na saúde.

Rogo a vós, Santa Sara, que leve a minha imagem,
o meu amor, o meu nome e o meu coração
ao coração de (_____).
Gloriosa Santa Sara, não permita que
(_____) se afaste de mim.
Faça com que nosso amor floresça, que dê frutos,
que brilhe como o sol e seja poderoso e encantador,
como a mágica luz da Lua.
Que a magia do povo cigano, com toda a força do bem,
afaste de nós dois toda a maldade e toda a inveja
e nos ponha dentro do círculo dourado da paz,
da harmonia e da felicidade de um amor eterno.
Eu (nome), agradeço de coração a Santa Sara Kali
e a todas as forças da natureza.
Que assim seja. Amém.

Reze um Pai-Nosso e uma Ave-Maria e em seguida faça a seguinte oração:

Minha Doce Santa Sara Kali,
tu que és a única santa cigana do mundo,
tu que sofrestes todas as formas
de humilhação e preconceitos,
tu que fostes amedrontada e jogada ao mar,
para que morrestes de fome e de sede.
Tu que sabes o que é medo, a fome,
a mágoa e a dor no Coração.
Não permitas que meus inimigos
zombem de mim ou me maltratem.
Que tu sejas a minha advogada perante Deus,
que tu me concedas Saúde, Paz
e que abençoe a minha vida.
Amém.

Para realizar seus objetivos materiais e profissionais

Salve a natureza!
Salve o círculo mágico azul que me envolve!
Eu sou feliz e rico, eu tenho o hoje e o amanhã!
Tenho o meu futuro pela frente!
A saúde tomou conta de meu corpo!
Obrigado, por tudo de bom que vós me destes e continuarás dando!

Porque eu posso, eu quero,
eu mereço eu vou conseguir
através da Lua Cigana e dos Mentores Ciganos,
eu realizarei todos os meus sonhos,
porque querer é poder, e eu posso!

Salve Santa Sara Kali!
Que sempre ilumine o meu caminho,
afastando os inimigos da minha estrada.

Que os olhos deles não cheguem até os meus
E que seus passos não cruzem o meu caminho.

Que eu realize meus objetivos materiais
e profissionais, que meus negócios prosperem.

Que assim seja e assim se faça!
Amém!

Para ser feita sempre que precisar de energia

Santa Sara, pelas forças das águas.

Santa Sara, com seus mistérios,
Que possa estar sempre ao meu lado, pela força da natureza.

Nós, filhos dos ventos, das estrelas e da lua cheia,
pedimos à senhora que esteja sempre ao nosso lado;
pela figa, pela estrela de cinco pontas;
pelos cristais que hão de brilhar sempre em nossas vidas.

E que os inimigos nunca nos enxerguem,
como a noite escura, sem estrelas e sem luar.

A tsara (casa) é o descanso do dia a dia.

A tsara é a nossa tenda.

Santa Sara, me abençoe.

Santa Sara, me acompanhe.

Santa Sara, ilumine minha tsara,
para que todos que batam à minha porta,
eu tenha sempre uma palavra de amor e de carinho.

Santa Sara, que eu nunca seja uma pessoa orgulhosa,
que eu seja sempre a mesma pessoa humilde.

(Autoria da cigana Miriam Stanescom)

7

Rituais, Novenas e Oferendas para Santa Sara

Banho ritual para proteção

Material
- 1 galinho de alecrim
- 2 litros de água
- Perfume de alfazema
- Pétalas de três rosas brancas

Para ser feito na Lua nova

Ferva a água com as pétalas de rosas brancas e o alecrim. Depois de morna, coloque sete gotas do perfume de alfazema. Eleve o banho acima de sua cabeça e faça a seguinte evocação:

> Que Deus e Santa Sara me deem toda a proteção que necessito, e que meus inimigos não me vejam, sigam ou me prejudiquem.
>
> Que pela força do povo cigano e desta Lua nova ficarei protegido de todos os que me querem mal. Amém!

Corrente de Santa Sara Kali

Essa corrente deve ser feita por um grupo de nove pessoas, reunidas durante nove segundas-feiras recitando a oração de Santa Sara.

Os nove participantes devem estar sentados em círculo e, no primeiro dia do encontro, devem escrever seus pedidos e colocá-los embaixo da imagem da Santa.

A corrente continua da seguinte forma:

Na primeira segunda-feira, as nove pessoas se reúnem, fazem as orações e pedidos.

Durante a semana seguinte, antes da próxima segunda-feira, as pessoas devem passar a corrente para outras nove pessoas, que formarão um novo grupo que começará a fazer a novena na próxima segunda-feira, e assim, sucessivamente.

Cada grupo cria, antes de dar continuidade a corrente na segunda segunda-feira, outro grupo.

Os participantes devem ter o compromisso de não quebrar a corrente.

Na nona segunda-feira, quando terminar a corrente do primeiro grupo, estes participantes, se tiverem fé, terão seus pedidos atendidos.

É costume cigano realizar a novena cada dia na casa de um dos participantes e, após a oração, servirem um chá, compartilhado entre todos.

Encantamento cigano com vela

Material
- 1 vela branca

Para ser feito na Lua minguante

Passe a vela por todo corpo mentalizando forças positivas e pedindo que o mal e as energias enfermiças passem para a vela.

Acenda a vela e peça:
Que a chama do fogo sagrado queime todos os males a mim dirigidos.

Reze uma oração para Santa Sara.

Novena para engravidar

Compre um lindo lenço, bem colorido ou florido, como usam as ciganas, e amarre-o em volta da imagem ou da gravura da Santa, pedindo por um bebê.

Durante nove meses, que é o período de uma gestação, faça todos os dias a oração da Santa. Segundo a lenda, a graça poderá ser concedida antes mesmo do fim da novena.

Quando o bebê nascer, o lenço passará a ficar amarrado no berço até a criança completar um ano. Se for uma menina, costuma-se agradecer a Santa colocando o nome dela no bebê. Se for menino, nomes como Tiago e Lázaro, discípulos de Cristo que também estavam na barca com Sara Kali, são indicados. Mas também podem ser usados como um segundo nome, como Regina Sara, Paula Sara, etc... Ou Pedro Lázaro, Sergio Tiago e por aí afora.

Oração para ser feita durante esta novena

Sara, Sara, Sara, fostes escrava de José de Arimateia.
No mar, fostes abandonada.

Pedir para que não sejamos abandonados pela sorte, amor, dinheiro, saúde, felicidade...

Teus milagres no mar se sucederam e como Santa te tornastes, à beira do mar chegastes e os ciganos te acolheram.

Sara, Rainha, Mãe dos ciganos, que te consagram como protetora e mãe vinda das águas.

Sara, mãe dos aflitos, a ti imploro proteção para o meu corpo, luz para que meus olhos enxerguem até no escuro, luz para o meu espírito e amor para todos os meus irmãos.

Aos pés da Mãe Santíssima, tu, Sara, me colocarás e a todos que me cercam, para que possamos vencer as provações terrenas. Sara, Sara, Sara, não sentirei dores nem tremores.

Espíritos perdidos não me encontrarão e, assim como conseguistes o milagre do mar, a todos que me desejarem mal, tu, com as águas me farão vencer.

Quando a pessoa não está bem e precisa resolver algo muito importante, beba três goles de água.

Sara, Sara, Sara, não sentirei dores nem tremores, continuarei caminhando com fé, sem parar. Assim como as caravanas passam, no meu interior tudo passará e a união comigo ficará.

E sentirei o perfume das caravanas que passam, deixando o rastro da alegria e da felicidade dos teus ensinamentos.

Amai-nos Sara, para que eu possa ajudar a todos que me procurem. Ajudados pelos teus poderes, serei alegre e compreensivo com todos que me cercam.

Corre no céu, corre na terra, corre no mundo e Sara, Sara, Sara estarás sempre à minha frente, sempre atrás, do lado esquerdo, do lado direito.

E assim dizemos que somos protegidos por Sara, que nos ensinará a caminhar e perdoar.

Reze três Ave-Marias, sendo a primeira para Sara, a segunda para os ciganos e a terceira para você.

Obs.: Pode ser colocado um copo de água benta ou filtrada diante da imagem da Santa ou oferecer flores.

Novena para Santa Sara

Quem já fez esta novena afirma que é muito poderosa, sempre trazendo resultados e solucionando os mais diversos assuntos. Esta novena pode ser feita para pedir ajuda a Santa Sara em casos de desemprego, problemas trabalhistas, problemas financeiros como falta de dinheiro ou valores a receber, ou outras situações materiais. Antes de começar a novena, procure ter uma imagem ou foto da Santa e uma vela azul. Monte um altar num local onde possa todos os dias fazer sua oração. Coloque uma bonita toalha e flores.

Comece colocando a toalha na mesa, as flores num vaso e acendendo a vela azul diante da foto ou da imagem da Santa. Faça a oração seguinte e o seu pedido. Ao terminar a oração apague a vela. No dia seguinte, acenda a vela e faça a oração e o pedido. Repita o procedimento por 21 ou 40 dias, conforme sua necessidade. Renove as flores e a vela sempre que necessário durante este período. No último dia da novena, deixe a vela queimar até o fim.

Oração para esta novena

Que o ouro de vossa luz se derrame sobre as nossas vidas.

Repita essa frase três vezes e em seguida faça seu pedido, falando-o, também três vezes.

Tu, Santa Sara, que é a única Santa cigano do mundo, e que sofrestes todas as formas de humilhações e preconceitos.

Que fostes amedrontada e jogada ao mar para que morresse de fome e de sede. Tu sabes, Santa Sara, o que é o medo, a mágoa, a dor no coração!

Não permitas que meus inimigos zombem de mim ou me maltratem, e sejas minha advogada diante de Deus.

Conceda-me sorte, saúde e prosperidade, e abençoe a mim, minha família e meu trabalho.

Amém!

Repita a oração inteira três vezes.

Oferenda para o dia de Santa Sara

Material

- 1 cesta forrada com papel laminado dourado
- 1 incenso de jasmim
- 1 metro de tecido estampado sem a cor preta
- 1 tacho de cobre grande
- 1 tigela de água com açúcar e uma pitada de sal
- 3 copos de água filtrada
- 3 rosas, sendo 1 amarela, 1 branca e 1 rosa chá
- 3 velas comuns, sendo 1 amarela, 1 azul e 1 rosa

- 12 moedas, sendo 6 antigas e 6 atuais
- 12 pedras (1 quartzo-rosa, 1 aventurina-verde, 1 citrino, 1 lápis-lazúli, 1 calcita-dourada, 1 quartzo-rutilado, 1 água-marinha, 1 olho de tigre, 1 olho de falcão, 1 cristal canalizador, 1 granada e 1 turmalina-azul)
- Essência de jasmim
- Frutas, quibes e doces finos

Na véspera, no dia 23 de maio, coloque as pedras na vasilha com água. Deixe de um dia para outro no sereno. No dia 24, coloque as pedras no tacho. Coloque por cima as moedas e, por cima de tudo, jogue a essência. Arrume a cesta a seu gosto, com as frutas, os doces e os quibes. Coloque a cesta diante do tacho e em frente coloque o incenso. Arrume os copos em triângulo pondo uma rosa em cada um. Atrás dos copos coloque as velas formando um triângulo.

Peça a Santa Sara o que deseja neste dia. No dia seguinte, vá a um morro que tenha muito verde e coloque a cesta com mais três velas. Deixe o tacho em casa para sua proteção.

Os cristais poderão ser usados como cura de qualquer problema, para você ou para outra pessoa, apenas colocando-os no local (da dor se for o caso) e fazendo uma oração para Santa Sara.

(Extraído do livro *Mistérios do Povo Cigano* – Ana da Cigana Natasha/ Edileuza da Cigana Nazira, Editora Pallas)

Pão da prosperidade

Material
- 1 pão de milho redondo
- 1 punhado de arroz cru
- 7 moedas douradas
- Canela em pó

Para ser feito na Lua cheia

Faça um círculo no centro do pão, retirando um pouco do miolo. Preencha a cavidade com arroz e coloque as moedas douradas de modo que fiquem de pé. Polvilhe tudo com a canela em pó. Enquanto estiver montando o pão, vá pedindo o que deseja, mentalizando o povo cigano para que o ajude a conseguir a prosperidade merecida.

O miolo retirado do pão, divida-o em pedaços, coloque na palma da mão, faça um pedido e coma. Ao terminar faça a seguinte oração:

> Minha Santa Sara, ajude-me a conquistar minha prosperidade, meu crescimento espiritual e material.
>
> Que o povo do Oriente me traga esta bênção na força desta Lua cheia e que assim eu possa prosperar e dar o melhor a minha família.
>
> Amém!

Repita esta oração por sete dias e, ao final do período, leve esse pão até uma praça bonita e bem florida e deposite-o lá.

Ritual do chá cigano

Material
- Chá preto ou mate
- limão (purificador de energias negativas)
- maçãs (amor)
- morangos (sensualidade)
- uvas (prosperidade)

Como fazer
Prepare o chá, coe e reserve. Numa jarra, coloque os morangos, as maçãs picadas, as uvas e o limão em rodelas, com casca. Amasse tudo levemente e despeje o chá por cima.

Consagre o chá a Deus, a Santa Sara e ao povo cigano e que eles derramem suas bênçãos no chá e que os que o beberem possam ter prosperidade, amor, felicidade e saúde.

Ritual para abrir caminho trazendo sorte, amor e dinheiro

Material
- 1 vela comum branca
- 3 rosas amarelas sem espinhos
- 21 moedas
- Açúcar

Para ser feito nas Luas crescente ou nova

Em estrada de terra reta, jogue as 21 moedas, uma a uma. Vá jogando por este caminho, o açúcar junto.

Quando for jogar a 21ª moeda, acenda a vela branca e diga com muita convicção:

Cigana Sara, eu te peço com a ajuda do povo cigano que clareie meus caminhos, abrindo-os para a sorte no amor, na saúde, na felicidade, na fartura e para o sucesso.

Em seguida, coloque as três rosas de frente para onde irá caminhar, em forma de triângulo, apontando para o lado que você irá sair (para frente); não volte e nem olhe para trás.

(Ritual da Cigana Sara)

Ritual para conquistar um amor

Material
- 1 coração de tecido (feltro, cetim, etc.), com enchimento bem fofinho, com um furinho no meio, mas só de um lado
- 1 imagem de Santa Sara Kali (resina, gesso ou papel)
- 1 lápis
- 1 papel branco sem pauta (quadradinho ou em formato de coração)
- 1 pires branco
- 1 vela comum vermelha
- Essência de rosas vermelhas, pitanga, morango ou maçã com canela *(Passe a essência em toda a extensão da vela do pavio para a base)*
- Incensos nos mesmos aromas das essências
- Pétalas de rosas vermelha, amarela, cor-de-rosa, em formato de coração

Ritual das Luas crescente, nova ou cheia

Na Lua escolhida, de preferência até 21 horas, faça um coração com as pétalas de rosas e, no meio dele, coloque o pires branco com a vela vermelha imantada com a sua energia e intenção do ritual.

Escreva a lápis seu nome completo de batismo e o seu pedido de amor no papel; enrole o papel e encaixe no furinho do coração de tecido.

Coloque o coração de tecido na frente do pires. A imagem de Santa Sara ficará no alto e fora do coração de pétalas, como se observasse o ritual. O incenso deve ser aceso à medida que a vela ainda estiver queimando.

Acenda a vela, reverencie as salamandras, acenda o incenso na vela, reverencie os elementais do Ar, reverencie Santa Sara Kali, padroeira dos ciganos, chame pela corrente dos ciganos e das ciganas do amor.

Segure o seu coração de tecido de encontro ao seu coração e faça o seu pedido de amor, para encontrar/conquistar um amor.

Este ritual obedece à honra e ética dos ciganos, por isso, saiba que não atenderá pedidos negativos, de luxúria, de devassidão e desvirtuamentos.

Coloque o coração novamente dentro do coração de pétalas e agradeça, pois, seu pedido será realizado.

Agradeça a Santa Sara e a corrente cigana do amor.

Quando a vela terminar de queimar, raspe as sobras e jogue no lixo. A sobra dos incensos sopre ao vento do lado de fora de sua casa. Lave seu pires e use-o para outros rituais. Coloque a imagem de Santa Sara em seu altar ou local de oração. O coração de tecido e as pétalas de rosas devem ser guardados juntos, com carinho, na gaveta das suas roupas íntimas.

Este ritual poderá ser repetido de três em três meses.

(Ritual transmitido por Cigana Ametista – Autoria Cathya Gaya)

Ritual para conseguir alcançar sete graças

Material
- 1 folha de papel branca e sem linhas
- 1 pires branco
- 1 vela de 7 dias azul escura ou laranja
- 3 canelas em pau
- 3 moedas douradas
- 7 cravos-da-índia, sem a bolinha
- 7 folhas de louro
- Lápis
- Mel

Como fazer

No dia 24, escreva na folha em branco sete pedidos positivos para serem realizados dentro de um ano e, no final, coloque o seu nome de batismo e escreva:

Obrigada, Santa Sara.

Recorte o papel, coloque no pires e sobre ele a vela de sete dias.

Antes desta montagem, coloque a imagem da Santa diante de seu coração e repita oralmente os seus pedidos com convicção e fé.

Regue o papel com mel e coloque as três moedas em triângulo ao redor da vela.

Em seguida, faça um triângulo com a canela ao redor da vela (não tem problema que este triângulo não feche, mas vale a pena tentar), coloque os cravos-da-índia dentro do triângulo espalhados e por último faça uma flor com as folhas de louro.

Faça sua decoração pessoal e, calmamente, vá se concentrando em cada detalhe e pensando nos ciganos e em Santa Sara.

Acenda sua vela e reverencie os elementais do Fogo, as salamandras.

Faça sua oração a Santa Sara, vinda do seu coração, e agradeça pelas bênçãos recebidas.

No sétimo dia, quando a vela se apagar, pegue as folhas de louro, limpe e guarde-as em sua carteira, em sua bolsa ou em lugares que você coloca seus pertences.

O restante, menos o pires, deposite em uma campina ou em um pomar, nos pés de uma árvore frondosa.

Boa Sorte!

(Este ritual foi ensinado no Programa Sol De Gaya, da Rádio Mundial em 20/05/2009 pela Cigana Ametista Cathya Gaya)

Ritual para não faltar alimento

Material
- 1 feixe de trigo
- 1 metro de fita grossa de cetim amarelo
- 1 vela amarela
- incenso de patchouli

Para ser feito na Lua crescente

Faça um laço com a fita de cetim em volta do feixe de trigo, acenda o incenso e a vela amarela. Faça a seguinte evocação:

> Meu Deus e minha Santa Sara, que em minha mesa a fartura sempre esteja presente. Amém!

Deixe o feixe de trigo em algum local da casa ou da cozinha enfeitando. Sopre as cinzas do incenso pela janela.

Ritual para nunca faltar dinheiro

Material
- 1 nota de dinheiro de qualquer valor
- 1 papel branco recortado no tamanho da nota com uma cruz desenhada a lápis
- 1 prato de louça branco virgem
- 1 vela azul clara
- 1 vela branca
- 3 colheres de sopa de arroz cru
- óleo essencial de benjoim para unção das velas

Recomenda-se que a realização deste ritual seja até às 12 horas de uma sexta-feira nas Luas crescente ou cheia.

No prato branco, coloque a nota escolhida e, por cima, o papel com o desenho da cruz.

Cubra tudo com o arroz cru. Faça a unção das velas com o óleo do pavio para a base, pedindo:

> Santa Sara, corrente dos ciganos do ouro, obrigado por abençoar minha vida com a fartura, a prosperidade, a abundância, o dinheiro que mereço, agora e sempre, Amém.

Acenda as velas com fósforo e reverencie os elementais do Fogo, as salamandras.

Coloque as velas no meio do prato e por cima do papel com a cruz desenhada.

Faça as seguintes orações

- 1 Credo, 1 Pai-Nosso, 1 Ave-Maria.

Mentalize o seu pedido novamente e agradeça. Procure observar para que não queime a nota de dinheiro.

Quando as velas terminarem, retire o dinheiro e coloque na sua carteira e não gaste.

Leve o prato, o arroz, o papel e as sobras das velas aos pés de uma árvore frondosa ou frutífera, de preferência longe de sua casa ou em um local que raramente passa.

(Ritual transmitido por Cigana Ametista – Autoria Cathya Gaya)

Ritual para prosperidade

Material

- 1 tacho de cobre com moedas (mínimo de 6 moedas)
- 1 vasilha (de barro ou palha)
- 2 copos com água
- 2 velas, sendo uma branca e uma azul-clara
- 12 frutas (6 qualidades não ácidas)

Montagem do ritual no altar ou mesa

Disposição:

Copos com água: coloque a vela branca na frente de um dos copos e a vela azul na frente do outro.

Vasilha com frutas: na frente dos copos com água e das velas

Tacho com moedas: na frente da vasilha com as frutas

Invocação:

Invoco todo o povo cigano na força dos elementais da Água, Terra, Fogo e Ar. Que este portal traga toda corrente do Oriente para a grande festa, que está por vir. Que se deliciem em nossa mesa e tragam alegria e prosperidade.

Neste instante se pronuncia o nome da família, da dona da casa, do patrono que está fazendo essa mesa ou pessoa que está fazendo o ritual e pronuncia:

Na bênção de Sara e na força do povo cigano.

Coloque as frutas ao término das velas em lugar no tempo (sempre do lado de fora da casa, para que as energias canalizadas pelo portal possam abençoar a casa). No dia seguinte, leve as frutas para um lugar bonito e verde. Mantenha o tacho de cobre aos pés da Santa. Se não possuir a imagem de Santa Sara, coloque em cima de um móvel onde serão colocadas mais moedas. Ao final de cada mês compre flores com as moedas e decore sua casa ou altar, deixando sempre seis moedas no tacho, e agradeça.

Com a graça de Sara, na energia de um Povo Kelimaske (alegria).

(Ritual transmitido por Francisco Velasco/Cigano Juan Rodrigues)

Ritual para trazer emprego

Material

- 1 vaso
- 1 vela azul de 7 dias
- 3 rosas brancas sem espinhos
- Essência de alfazema
- Lápis
- Papel branco sem linha

Para ser feito na Lua nova

Coloque as rosas no vaso com água, junte sete gotas de alfazema e acenda ao lado a vela de sete dias.

Escreva no papel seu nome, seu pedido de emprego e a seguinte frase:

Que sejam abertas as portas para o profissional e que venha o emprego que eu necessito.

Coloque embaixo da vela de sete dias e derrame no papel algumas gotas de alfazema. Se tiver a imagem de Santa Sara, coloque o papel embaixo de seus pés.

Tudo feito, reze a oração de Santa Sara diariamente e repita o pedido de emprego. Depois de sete dias, coloque as flores e o pedido em um jardim e jogue a água na pia normalmente.

8

Vocabulário Cigano

O Romani (ou Romanês em português) é uma língua muito diferente da língua portuguesa e é exclusiva do povo cigano. O vocabulário emprega muitos elementos.

Alguns dizem que é difícil vinculá-lo a um único idioma. Veja a seguir os principais vocábulos falado por eles.

Acans: olhos
Aruvinhar: chorar
Bales: cabelos
Baque: sorte, fortuna, felicidade
Bar ou Bartalo: sorte
Barô: dirigente do clã cigano
Bato: pai
Brichindin: chuva
Buena Dicha: ler a sorte
Cabén: comida
Cabipe: mentira
Caco: tio (vitsa: sirbianco, calderacha)
Cadens: dinheiro
Cali: preto
Calin: cigana
Calon: cigano
Chaio: chá cigano
Chavo: moço
Chavoro: menino pequeno
Chucar: bonito
Churdar: roubar
Chuvani: cigana feiticeira
Cris: polícia
Daí ou Bata: mãe
Dilabal: cantar
Dirachin: noite

Djeula: assimilação com Santa Sara
Duvêl/Del/Dhiel: Deus
Estardar: prender
Gadjo/gadjé: não cigano
Gadji: mulher que não é cigana
Gajão: brasileiro, senhor
Gajin: brasileira, senhora
Gitanos: ciganos na Espanha
Jalar: ir embora
Kachardin: triste
Kambulin: amor
Kristeskro: Cristo, Jesus
Lachi bar: boa sorte
Lolo: vermelho
Lon: sal
Lovre: dinheiro
Nano/vitsa/lovará: tio
Marrão/marron: pão
Mirinhorôn: viúva
Naçualão: doente
Nazar: flor
Optchá: saudação cigana (olá, oba)
Paguicerdar: pagar
Panin: água
Paxivalin: donzela
Pilen: tomar (bebida)
Piral: andar
Plata: dinheiro
Prama: joia
Querdapanin: português
Quiraz: queijo
Raty: sangue
Remedicinar: casar
Rholhaives: zangado, nervoso
Ron: homem
Runin: mulher
Sato: relógio
Shei: menina
Slava: comemoração
Sunacai: ouro
Suvinhar: dormir
Tcher: casa
Tiráques: sapatos
Traio: vida
Trup: corpo
Tsara: tenda cigana
Urai: imperador ou rei
Urdar: vestir
Vázes: dedos ou mão
Xacas: ervas
Xinbire: aguardente
Xôres: barbas

Bibliografia

FAUR, Mirella. *O Anuário da Grande Mãe – guia prático de rituais para celebrar a Deusa.* São Paulo/SP. Alfabeto. 2016.

____. *As Faces Escuras da Grande Mãe.* São Paulo/SP. Alfabeto. 2016.

JURUÁ, Pai. *Oráculos utilizados pelo povo cigano.* São Paulo/SP. Alfabeto. 1ª edição, 2006.

DA MATA, Rosalinda. *Ciganos – mistérios e magia.* Porto Alegre/RS. Artha Editora. 5ª. edição, 2009.

LEVY, Carminha. *Xamanismo matricial – as cartas sagradas da madona negra e divino espírito santo.* Outras palavras. 2002.

NATASHA, Ana da Cigana. *Ciganos do passado, espíritos do presente.* Rio de Janeiro/RJ. Pallas. 1ª. edição, 2005.

____. *Como descobrir e cuidar dos ciganos dos seus caminhos.* Rio de janeiro/RJ. Pallas. 4ª edição – 2ª reimpressão, 2006.

NAZIRA, Ana da Cigana Natasha e Edileuza da Cigana. *Mistérios do povo cigano.* Rio de Janeiro/RJ. Pallas. 5ª. edição – 2ª reimpressão, 2004.

OXUM, Conceição da. *O livro encantado da cigana*. Rio de Janeiro/RJ. Pallas. 8ª. edição, 2006.

PINHEIRO, Iara C.1, por orientação dos espíritos ciganos Sumahya e Maran. *Magia e maestria dos ciganos do oriente para o amor e prosperidade*. São Paulo/SP. Madras. 2002.

PIRES FILHO, Nélson. *Ciganos Rom – um povo sem fronteiras*. São Paulo/SP. Madras. 2005.

RUDANA, Sibyla. *Segredos das cartas ciganas*. Rio de janeiro/RJ. Portais. 3ª edição, 2006.

____. *Mistérios de Santa Sara*. São Paulo/SP. Cristalis. 2ª edição, 1988.

RUIZ, Solange Marin. *O poder do povo cigano*. Serie Evocações Diárias. São Paulo/SP. Panorama. 2ª edição, 2005.

TORRES, Ramona. *Segredos de magia cigana*. Rio de janeiro/RJ. Pallas. 1ª edição, 2004.

Biografia da autora

Nascida em São Caetano do Sul, Tina Simão é Socióloga, Mestre em Reiki, Terapeuta em Cromoterapia, em Aromaterapia e em Florais de Bach. Além de Angelologa, Taróloga e Facilitadora em Feng Shui, a autora é fundadora e Diretora do Luz Interior Terapias Complementares, em SCS, atuando na área complementar desde 1986.

Tina ministra cursos, faz atendimentos, terapias e consultorias, com sua longa prática com o Tarô e a Angelologia.

Seus livros publicados são: *Santa Sara e o Sagrado Feminino*; *São Jorge – a Vida do Santo Guerreiro*; *Tarô dos Deuses Hindus* e *A Força dos Salmos*, todos editados pela Editora Alfabeto.

Em agradecimento ao seu "amado anjo guardião", Tina Simão evoca o salmo 3, versículo 3: "Porém, tu, Senhor, és um escudo para mim, que exalta a minha cabeça".

Contatos: 11 98145-3016 WhatsApp
facebook.com/tina.simao.7
@tinasimao
tinasimao@gmail.com